汉语 会通 1 读写

Mastering Chinese

Reading and Writing

总策划　王立新　郑旺全

主编　卢福波
副主编　郑天刚　刘春兰
编者　郭利霞　邹雅艳

中国教育出版传媒集团
人民教育出版社
·北京·

总策划　　王立新　郑旺全

主编　　　卢福波
副主编　　郑天刚　刘春兰
成员（按姓氏笔画排序）
　　　　　于　辉　王雅静　王毓钧　邓　葵　刘春陶
　　　　　关　键　李　敏　杨盼盼　吴佳晨　吴星云
　　　　　邹雅艳　汪敏锋　岳　琨　郑　洁　祖晓梅
　　　　　顾　倩　郭利霞　梁晓萍　董淑慧　温宝莹

总监制　　郑旺全
监制　　　王世友　赵晓非　田　睿

责任编辑　田　睿
英文翻译　戴康锐
英文审稿　Curtis Bram　Kimberly Gaugler

书籍设计　刘晓翔工作室
插图制作　金　葆
美术编辑　李宏庆

前 言

著名的英国人类学家马林诺夫斯基(Malinowski)认为：把语言看作"行动的方式"比看作"思维的工具"更合适，其富有代表性的口号是"语言寓于行为之中"和"意义见于运用之中"。美国当代语用学家塞尔(Searle)也认为，使用语言就像人类许多其他社会活动一样，是一种受规则制约的有意图的行为。可见，从现代语言学观来看，语言的意义就在于使用。因为你要通过说话来做事情，你要通过说话来与外界接触、沟通，你要通过说话把你的思想、感情、意图传递给他人。既然如此，学习一种语言的目的当然也是如此，那么以汉语为第二语言教学的教学目的，同样也应当以学习者的需要为最终目标，即，以培养学习者运用汉语进行交际的能力为终极目标。

交际能力指哪些方面的内容呢？卡纳尔(Canale)和斯韦恩(Swain)提出的交际能力模型（1980）很有代表性，它包括语法能力、社会语言学能力和策略能力三个部分[1]。语法能力主要指语言规则的运用能力，即语言能力；社会语言学能力主要指社会文化规则和语篇规则的运用能力；策略能力主要指如何根据交际情景的需要，恰当而有效力地发挥语言能力水平、得体适宜地保持交际的畅通进行。

那么我们如何通过汉语教学来培养学习者运用汉语进行交际的能力呢？因为使用语言的目的在于与外部相联系，因此倘若我们能够建构更多的某一具体汉语运用环境，并使学习者有目的地模拟做事，通过做事，了解该语域常用词语的意义，记住常用基本句型的用法，再用它们来描述事情、阐发道理，谈论感受，那么交际能力的培养就有可能实现。在过去的语言教学中，情景、任务、功能等以应用为主旨的教学常常与句型等传统语法教学相对立，这其实不符合语言基本能力培养的原则和精神，因为这二者本应是互补关系。近年来，从语言处理角度，提到一个"固定语"的概念，即在记忆提取时，该"固定语"会被当作一个"语块"整体处理。这种"固定语"既包括熟语、惯用语一类的语块，也包括"最近怎么样？""天气越来越……了"等格式。瑞易(Wray)和佩金斯(Perkins)（2000）认为，固定性和创造性是语言处理中的两个通道，它们互相补充。创造性系统可以对新颖的、没有想到的话语进行处理并自由地生成这样的话语，但对熟悉的、可以预料的话语，固定性系统的处理会更加经济而高效[2]。基于以上思想、理念、原则，我们在从初到高的整套教材中，力求将二者有机结合，全套教材以语言表达功能

---

[1] 刘颂浩《第二语言习得导论》，世界图书出版社2007，P25.
[2] 刘颂浩《第二语言习得导论》，世界图书出版社2007，P22-23.

的教学为主旨，将主题式的情景功能与句型的应用功能有机结合起来。在教学法上，主要采用后方法时代的教学理念，即不拘泥于某一方法，不做方法的奴隶，博采众长，用公认有效的教学原则指导每一个具体教学环节。基本做法是：

1. 按照输入输出、直接间接方式的不同和在交际中不同技能的表现特征，我们将教材分作读写与听说两大类型。通过词汇量、语言点控制难度，分出不同的水平层次[③]。从最低的零起点1开始，顺序排列2、3、4、5、6共6个层级（全套教材12册）。1、2大致相当于初级阶段，3、4大致相当于中级阶段，5、6大致相当于高级阶段。各层级中的读写与听说两种类型紧密配合，话题一致，以读写为主体，听说在读写涉及的主要词汇、语言点和文化点基础上，进行强化训练并向外辐射，最终达到准确掌握、得体表达、熟练选择、灵活运用汉语的基本目的。

2. 将句法、功能、语篇与以任务、情景为交际手段的汉语应用融合为一，并在此前提下，将相关语言点循序渐进、科学系统地加以组织安排。初级阶段以日常最基本的生活功能任务项为主线，以最必要的基本句型为主体，以最常用的词语为基本词汇，将读写与听说贯穿起来，解决学习者生活中最基本的汉语交际需要；中级阶段仍以主要的生活功能任务项为主线，要求掌握稍复杂、稍灵活的表达形式和部分次常用词汇，将生活内容加以扩展和向广泛领域初步辐射；高级阶段要掌握逻辑性较强的篇章连接手段和功能，学习不同体裁形式的不同表达方式、书面语的表达形式和语体风格以及韵律特征等对篇章的影响和制约，向更加广泛的领域辐射，纳入一定的真实社会生活内容（原声、原材料），部分内容进一步向高层次深入。

3. 以交际功能为主要手段组织课文材料，每一课有一个主题情景，如：购物、旅行、做客、办事、维修、租房、交友、教育，等等。每课首先用3—4个功能表达语段分别解决句型功能和单项情景功能，然后再将它们整合到包含所有句型功能在内的主题情景中，形成课文或听力语篇。这一设计是为了更加适合二语习得的基本规律——精细复述、深层次加工及其非简单地反复重现，有效地记忆和反复地应用。为了培养学习者在主题情景中能更加经济而高效地运用某些可预料的话语，创造性地、举一反三地运用句法结构，我们将句型功能单独列表，提供该功能项的表达意义、使用条件、基本模式及其基本用例。

4. 以交际功能为主要角度突出表现在对功能表达项的一系列处理上。首先，每课前面都有一个"基本功能项及内容"的列表，列有：（1）功能项——该语言点属于哪类功能；（2）本课表达——在本课它的具体功能是什么；（3）基本结构——它的语块模式是什么；（4）举例——具体用例。例如：

[③] 词汇、语法、功能的阶段处理及功能项目参考了以下材料：杨寄洲《对外汉语教学初级阶段教学大纲》；赵建华《对外汉语教学中高级阶段功能大纲》；国家汉办/孔子学院总部《新汉语水平考试（大纲）》中语言功能、词汇、语法部分；国家汉办编《高等学校外国留学生汉语教学大纲（长期进修）》。

层级	功能项	本课表达	基本结构	举例
1	询问	问距离	从 + [地点$_1$] + 到 + [地点$_2$] + 有多远？	从这儿到地铁站有多远？
2	听任	按自己的想法去做某事	疑问代词$_1$……（就）疑问代词$_1$……	你爱吃什么就点什么。
3	不必	做b事对a事来说是没必要的	V$_1$就V$_1$吧，还V$_2$什么（……）啊	来就来吧，还买什么东西啊？

其次，在功能表达中，都有该功能项的具体应用和专项练习；在课文和听力语篇中也都有本课功能项的综合应用和综合训练。

所有功能项的解释、举例、训练都是从功能角度出发，即从用法上、使用条件上、表达意图上进行，力求浅显易懂、典型真实、具体实用。这一点是本教材具有鲜明特色的部分。

5. 二语习得若想达到熟练、顺畅运用的程度，仅靠知其所以然还是远远不够的，必须培养其习惯性，使其能够运用目的语思维，使语言的输出输入、选择调用达到自动化程度，这个目标需要靠大量的训练来实现。本教材从功能角度出发，设计了大量形式多样、丰富有效的练习模式。有借助形象、生动、风趣、幽默的图片来展示生活情景、辅助理解功能使用条件的练习；有大量符合实际生活情景、为完成各种各样交际任务服务的练习。为了保持学习者汉语学习的兴趣，同一内容会有不同角度和形式的训练，绝不简单重复。经过读写的学习训练，配合听说技能的训练，学习者可以基本达到熟练掌握每个学习要点，将功能得体、通畅地加以运用，能够在实际场景中有目的地完成交际活动的学习目标。

6. 该教材将汉语言与汉文化融为一体，展示了大量的生活情景，涉及了广泛的社会领域，这些内容既是汉语言的学习材料，也是了解当代中国社会、生活、理念和习俗的文化材料。初级以日常最基本、最典型、与生活关系十分密切的文化现象为主；中级以日常主要文化现象为主；高级则以主要文化、理念、习俗等为主线，在学习材料中加以充分、深入、广泛的展示。教材每课课后结合本课主题，提供一两篇文化阅读语料，供学习者进一步学习使用，成为本课扩展性学习训练的一个组成部分。

本教材适用对象的范围很广，既可供学习汉语的本科生、研究生使用，也可供各类长短期进修生使用。课时充足的情况下，可将读写、听说配合使用；课时不足时，如短期学习，可以只用读写本。由于海内外及国内各院校对初级、中级、高级的定义有别，本教材没有用传统的初级、中级、高级来定义级别，而是用1、2、3、4、5、6来标示不同层级，这样，选用教材时，可以根据学习者的实际水平进行择取。

本教材从酝酿、设计到编写完成，历时三年多，试用了三个轮回以上，应该是符合学习者习得过程的、切实好用的教材。参加教材编写的老师都是具有丰富海内外汉语教学实际经验的、优秀的从教者，他们在担负繁重教学任务的同时，牺牲大量节假日和业余时间，认真负责地完成了教材的编写任务，在此向他们无私的奉献精神致以深深的敬意！对他们为汉语国际教育所做的贡献表示由衷的谢意！教材的完成还有赖于南开大学汉语言文化学院和人民教育出版社的特别重视和强有力的支持。该项目被定为汉院第一重大项目，王立新院长亲自督阵，掌控教材编写的方向大局，并给予足够的资金、人员等物资和条件保障，为教材顺利完成出版，提供了重要保证。人教社领导、编辑多次往返于京津两地，参与教材设计、编写、定稿等过程，既给予了重要的指导帮助，又给予了物资和人员的保障。看到教材精美的排版设计和高质量的审校，我们对未来教材的使用又增添了一份信心。

我们由衷地希望这部教材能够好用，能够为更多院校接纳采用，能够为国际汉语教育贡献一份绵薄之力。但是由于本教材很多方面的处理有所创新、有个性特点，不足不当之处在所难免，恳请使用者提出宝贵意见。

主编　卢福波

2015 年元月于南开园

教材使用说明

一、教材内容介绍

本册教材适用于零基础的汉语学习者，与《会通汉语·听说1》紧密配合，重点训练学习者的阅读写作和口语表达能力。通过本册的学习，学习者将能掌握750余个与本册12个主要话题典型情景相关的常用词语，阅读并理解相关语言材料，能够运用170余个基本功能项目，正确并恰当地进行基本的日常交际。

本册教材每课包含六个部分：语音和汉字、课前热身、功能表达范例和训练、课文、综合表达训练和文化读本。

第一部分是语音和汉字，这部分贯穿始终，自成系统，并尽可能与本课学习内容密切配合。如第八课是关于季节和天气的，该课汉字的常用偏旁紧扣这一点，选择了"日、氵、火、灬"进行讲解和练习。第五课开始出现形近字辨析，并贯穿至第十二课。

第二部分的课前热身呈现了本课的重要生词和功能句，这部分要在学生预习的基础上使用。教师可酌情使用领读、听写、猜词等方法进行热身。

第三部分是功能表达范例和训练，第四部分是课文，前者均为场景明确的简短对话，后者则综合了本课所有功能项。两者在语言上都追求鲜活、实用、幽默。每个功能表达下首先是语言聚焦，这是对本课功能项简明扼要的解释，辅以针对性很强的单项功能训练。从第四课起，第二题均设计为交际练习，尽可能贴近学生的生活。

第五部分是综合表达训练，练习量大，形式多样，既有课堂上可用的看图表达等，也有延伸至课堂外的真实任务。写作练习贯穿始终，体现重视读写的原则。

第六部分是文化读本，这一部分在内容上紧扣本课主题，编写时尽量选用学生学过的词语，做到浅显易懂。它既可作为课后的阅读材料，也可作为课堂教学的补充材料。

位于每一课开篇的基本功能项及内容起着提纲挈领的作用，既可使学生对本课要学习的功能项有宏观整体的把握，也可为学生复习提供极大的便利。

本册教材的特色主要有：

（1）充分发挥插图和图表的功能。练习中大量使用图片和表格，以尽可能小的篇幅涵盖尽可能多的信息量，把机械的练习变成有意义的交际活动。

（2）注重重现和复习。很多生词在功能表达或课文中正式出现之前，已经在前面的练习中出现过了，这样就大大减轻了学习者的记忆负担。同时，在练习中体现复习的元素，如十至十二课的语音练习既是对本册语音知识的复习，也是对本册生词的复习。这一点也体现在读写和听说的配合上。

（3）注重真实语料的使用。如第四课功能表达1的练习"看标签，说钱数"，展示商品价格，与实际生活相联系。又如第十课学习号码的说法给出了110、119、120等常用电话以及公交车次、电话号码、门牌号等语料。

（4）课内课外兼顾。功能表达范例和训练的练习主要用于课堂，针对性强，难度较低，侧重功能，兼顾结构；综合表达训练的练习有很多要求在课外完成，如调查、写作等。这样，就使学生能利用目的语环境的优势，将课内与课外的语言学习结合起来。

（5）注重语素和生词的扩展。在生词表中列出了一部分从词或词组中分离出来的常用语素或词，并举出用例，以帮助学生自学，花最小的力气得到最佳的学习效果。

教师在实际教学中，可以充分利用这些特色，也可以遵循教材思路自行设计一些练习。每部分不一定要按照编写顺序使用，比如语音和汉字部分就可以灵活安排；课前热身部分则可根据实际情况对它们进行"拆分"，比如学习某个功能表达时，只学习相关的词语和句子；综合表达训练也可以适当提前，教师亦可对所学内容进行适当取舍。

二、教材语法术语代码、标记及其他表示方式

1. 词类名称的缩写

名词	动词	形容词	区别词	数词	量词	副词	代词	拟声词	叹词	介词	连词	助词	语气词
名	动	形	区	数	量	副	代	拟声	叹	介	连	助	语气

2. 语法术语的代码

名词	动词	形容词	名词短语	动词短语	形容词短语	主语	宾语	表人	表事
N	V	Adj	NP	VP	AP	S	O	sb	sth

3. 语法意义的标记

（1）在基本结构中，属于可省部分的，用"（ ）"表示。例如：(虽然)a，但／可（是）b。

（2）属于语义内容的，用"[ ]"表示。例如：在+[地点]。

（3）属于该词的下位意义类别的，用下标方式。例如：V[心理]。

（4）表示两项、两件事、两种行为等，用小写字母"a""b"表示。

（5）数量短语或数词、量词是表示词性的，用"**数量**"或"**数**""**量**"表示。

（6）个别情况下，为了与其他内容相区分，主语用"主"、谓语用"谓"表示。

本书的分工为：1—6、8、10 课的全部内容以及 7、9、11、12 课的语音、汉字及文段部分由郭利霞执笔，7、9、11、12 课的练习部分由邹雅艳执笔，郭利霞负责统稿。英文由戴康锐翻译。另外，在初始阶段，温宝莹主持并参加过样课设计。在使用过程中有任何问题，欢迎发送邮件到 hyglx@nankai.edu.cn。

教材主要人物介绍

目录

	基本功能项及内容	语音和汉字	课前热身	功能表达范例与训练 1	2	3	4	课文	综合表达训练	文化读本	
第1课 他叫什么名字	2	4	9	9	11	14	16	18	20	中国人的名字 常用寒暄语	22 23
第2课 这是我的全家福	25	27	32	33	35	38	/	40	43	你属什么	45
第3课 你每天几点睡觉	48	49	53	54	56	58	/	62	64	大小月 中国的传统节日	66 66
第4课 一共多少钱	69	71	73	74	78	81	85	88	91	看朋友带什么东西好	93
第5课 你去那儿干什么	95	96	99	100	103	106	108	110	113	四种"包"	115
第6课 我点一个辣的吧	117	119	121	121	125	127	131	133	137	你想吃哪种	139
第7课 你怎么去的	142	143	146	147	150	152	155	157	160	不到长城非好汉	162
第8课 今天比昨天冷多了	164	165	167	168	171	175	178	181	184	二十四节气	185
第9课 电影院在哪儿	188	189	191	192	195	197	200	202	205	方便	207
第10课 我想把这个寄回家	209	210	212	213	216	219	222	226	228	中国人常用的快递	230
第11课 头越来越疼了	232	233	235	236	239	242	245	249	252	越来越好	253
第12课 我想去南方旅游	255	257	258	259	261	263	267	271	275	笑一笑,十年少	276
词语总表							277				

第1课

他叫什么名字

基本功能项及内容

	功能项	本课表达	基本结构	举例
1	问候寒暄 Greetings and small talk	问好 Greetings	您/你/你们+好；~好	"悦"老师，您好！ 老师好！/大家好！
		初次见面寒暄 Small talk when meeting for the first time	认识+你/您/你们+很高兴	认识你很高兴。
2	介绍 Introductions	自我介绍 Self-introduction – 姓名 Name – 身份 Identity – 国籍 Nationality	我+姓/叫…… 我+是+[身份] 我+是+[国名]+人 我+来自+[国名]	我姓李/叫李悦。 我是学生。 我是肯尼亚人。 我来自肯尼亚。
		介绍他人 Introducing others – 姓名 Name – 身份 Identity – 国籍 Nationality	他/她+姓/叫…… 他/她+是+[国名]+人 他/她+来自+[国名]	她姓金/叫金志英。 他是日本人。 他来自德国。
3	否定 Negation	否认a，肯定b Negate "a" and affirm "b"	不+是/姓a，是/姓b	我不是老师，是学生。 我不姓悦，我姓李。
4	询问 Asking questions	问名字 Asking someone's given name	叫+什么+名字?	你叫什么名字?
		问姓氏 Asking someone's surname – 尊敬 Asking respectfully – 一般 Asking casually	您+贵姓? 姓+什么?	您贵姓? 他姓什么?

	功能项	本课表达	基本结构	举例
4	询问 Asking questions	问身份、关系 Asking about identities and relationships	是 +[身份]+ 吗? 是 +N₁+ 的 +N₂+ 吗?	您是老师吗? 你是马克的同学吗?
		问国籍 Asking about nationality	是 + 哪国 + 人? 是 +[国名]+ 人 + 吗?	你是哪国人? 他是美国人吗?
		问无所知问题 Asking about something you know nothing about	……吗?	您是老师吗?
		问已有猜测问题 Asking about something you have already thought about	……吧?	你是日本人吧?
5	说明 Explanation	与他人相同 Discussing similarities with others	也 + V/ 也不 +V	我也是新生。
		几个包括在内 Talking about two or more items	都 + V	我们都是好朋友。
		并连的两个人或事 Linking two persons or things together	a+ 和 +b	我和马克是同屋。

第 1 课

第一部分　语音和汉字

一、单韵母 Simple finals

单韵母 Simple finals	a	o	e	i	u	ü
唇形图 Shape of the lips	不圆唇 unrounded	圆唇 rounded	不圆唇 unrounded	不圆唇 unrounded	收；圆唇 close, rounded	撮；圆唇 pursed, rounded
舌位图 Tongue position	舌面央 center	舌面后 back	舌面后 back	舌面前 front	舌面后 back	舌面前 front

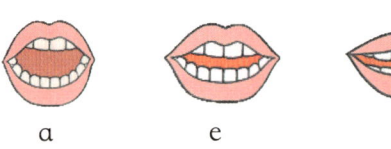

从 a 到 e 再到 i，开口度从大逐渐变小。
From "a" to "e" to "i", the magnitude of opening is from large to small.

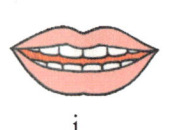 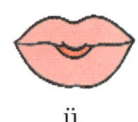

先发 i，把嘴唇撮成圆形发出 ü。
Pronounce "i" first, then purse and round your lips to pronounce "ü".

二、声调 Tones

汉语是声调语言，普通话有四个调类：一声、二声、三声、四声。
Mandarin Chinese is a tonal language consisting of four basic tones: high and level tone, rising tone, falling-rising tone, and falling tone which are also known as the first, second, third, and fourth tones.

三声（ˇ）在读单字时，声调是 214（下页左图），但在句子或词语中，常读作 211 或 212（下页右图）。

When the third tone is pronounced by itself, it is pronounced as 214 (as in the graph on the left). When it is part of a word or a sentence, it is often pronounced as 211 or 212 (as in the graph on the right).

例：好 hǎo（214） 您好 nín hǎo（211）

读一读。Read aloud.

ā á ǎ à　　ò ó ǒ ō　　ī ì í ǐ　　ù ǔ ú ū　　é è ē ě　　ǔ ū ù ú

三、声母 Initials

1. **21 个声母　21 initials**

b	p	m	f	d	t	n	l
g	k	h		j	q	x	
zh	ch	sh	r	z	c	s	

2. **送气与不送气 Aspirated and unaspirated**

b/p、d/t、g/k、j/q、z/c、zh/ch 六组音，每组发音部位相同，发音方法也很相近，但发音时吐气强弱不同。b、d、g、j、z、zh 吐气弱，称为不送气音；p、t、k、q、c、ch 吐气强，称为送气音。发音时，可用一张纸放在嘴前，吐气弱的纸几乎不动，吐气强的纸会有明显吹动表现。

When pronouncing "b/p, d/t, g/k, j/p, z/c, zh/ch", the tongue position and the shape of the mouth are similar. The difference lies in the strength of your breath (aspiration). "b, d, g, j, z, zh" are pronounced with a weak breath, while "p, t, k, q, c, ch" are pronounced with a strong breath. The former are called unaspirated consonants, and the later aspirated consonants. When you practice these sounds, try putting a paper in front of your mouth to see the difference. With a weak breath, the paper should barely move at all; with a strong breath, the paper should move significantly.

读一读。Read aloud.

bà—pà　　bō—pō　　bí—pí　　dǎ—tǎ　　dǐ—tǐ　　dù—tù

gè—kè　　jǐ—qǐ　　jù—qù　　zhě—chě　　zì—cì　　zū—cū

3. 平舌与翘舌 Alveolar consonants and retroflexes

z/zh、c/ch、s/sh 三组音，每组发音方法相同，发音部位不同。z、c、s 是平舌——舌尖平伸，抵住或接近上齿背；zh、ch、sh 是翘舌——舌尖上翘，抵住或接近硬腭开端，注意不要过分卷舌。

The manner of pronunciation for "z/zh, c/ch, s/sh" is the same, but the tongue position is different. "z, c, s" are pronounced with the tongue blade (the flat portion of the tongue just behind the tip) against or close to the alveolar ridge; "zh, ch, sh" are pronounced with the tip of the tongue curled upwards close to or against the hard palate. Be careful not to excessively roll the tongue.

读一读。Read aloud.

zī—zhī　　zǔ—zhǔ　　cā—chā　　cǐ—chǐ　　sè—shè　　sú—shú

Sì　shì　sì，　shí　shì　shí，　shísì　shì　shísì，　sìshí　shì　sìshí．
四　是　四，　十　是　十，　十四　是　十四，　四十　是　四十。

四、声韵拼合（音节）Initial-final combinations(syllables)

1. 汉语音节的基本结构是：[（声母 + 韵母）+ 声调]。声调标在韵母上。

   A syllable is formed by combining an initial, final, and tone. The tone is marked over the final.

   例：nǐ

    声母 (shēngmǔ, initial)　　 声调 (shēngdiào, tone)　韵母 (yùnmǔ, final)　你

2. 声调的标写 Rules for tone marking

   （1）声调标在音节的主要元音上，一般是按 a、o、e、i、u、ü 的顺序排列。

   Tones are generally marked above the main vowels. If there is more than one vowel in a syllable, the order is generally "a, o, e, i, u, ü".

   例：niǎo　　huǒ　　shēng　　xīn　　wù　　lù　　é

   （2）声调符号标在 i 上时，i 上的点要去掉。

   If the tone is marked above "i", the dot of the "i" must be omitted.

   例：dí　　yī

   （3）汉语中 j、q、x 不能与 u 相拼，当它们与 ü 相拼时，ü 上两点去掉，不会被当

成 u。如 jù（具）、去（qù）、xù（续）。但是，n、l 与 u、ü 都能相拼，所以当它们与 ü 相拼时，ü 上两点一定要有。如 nù（怒）、lù（路）；nǚ（女）、lǚ（旅）。

When "j, q" or "x" combines with "ü", the two dots of "ü" must be omitted, as in "jù, qù", or "xù". This is because "j, q" or "x" can only combine with "ü", they can never combine with "u". "n" or "l" can combine with both "ü" and "u", so when "n" or "l" combine with "ü"; the two dots of the "ü" must be included in order to differentiate the two such as "nù（怒），lù（路）；nǚ（女），lǚ（旅）".

读一读。Read aloud.

tā（他, he）　　kǎ（卡, card）　　mā（妈, mother）　　lí（梨, pear）

chá（茶, tea）　　qù（去, to go）　　lǜsè（绿色, green）　　dìtú（地图, map）

五、拼音练习 Pinyin exercises

1. 看图片，读一读。Look at the pictures and read the following words.

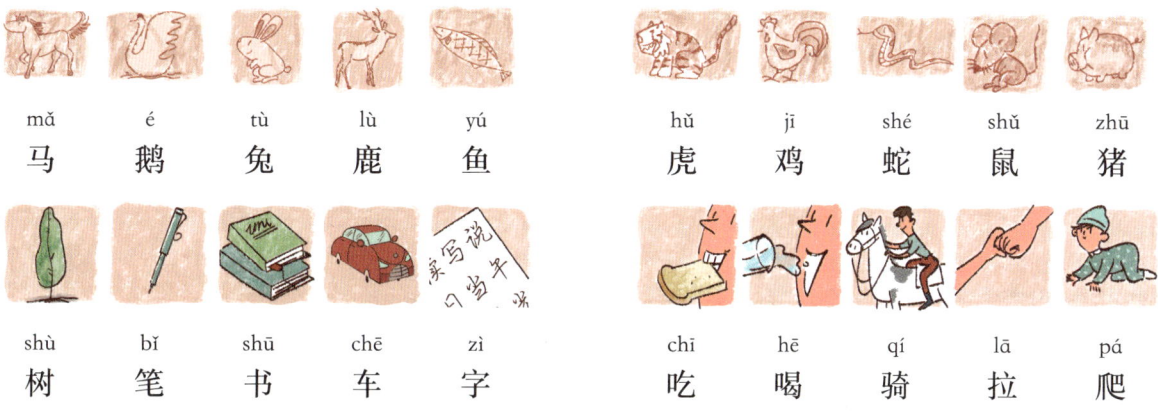

mǎ　é　tù　lù　yú　　　hǔ　jī　shé　shǔ　zhū
马　鹅　兔　鹿　鱼　　　虎　鸡　蛇　鼠　猪

shù　bǐ　shū　chē　zì　　　chī　hē　qí　lā　pá
树　笔　书　车　字　　　吃　喝　骑　拉　爬

2. 读一读，认一认。Read aloud and learn the syllables.

（1）dà（大, big）　hē chá（喝茶, to drink tea）　dìtú（地图, map）　lú（驴, donkey）

（2）sh—r: shírì（时日, time）　shūrù（输入, to input）　rúshí（如实, strictly）

（3）① p—b: pùbù（瀑布, waterfall）　　② t—d: tèdì（特地, specially）

　　③ g—k: gè kē（各科, all courses）　　④ j—q: jīqì（机器, machine）

　　⑤ zh—ch: zhīchí（支持, to support）　　⑥ z—c: zì cí（字词, characters and words）

（4）① z—zh: zázhì（杂志, magazine）　　② ch—c: chēcì（车次, train number）

　　③ sh—s: shāsǐ（杀死, to kill）

第 1 课

六、学学写汉字 Learn to write Chinese characters

汉字的基本笔画 Basic strokes of Chinese characters

汉字由一些笔画组成，最基本的笔画有：点、横、竖、撇、捺、提。

Chinese characters are composed of various strokes, the most basic of which includes the dot, the horizontal stroke, the vertical stroke, the downward-left stroke, the downward-right stroke, and the upward stroke.

Stroke	Name	Example	Way to write
丶	点 dot	六	towards the lower right
一	横 horizontal stroke	三	from left to right, level
丨	竖 vertical stroke	十	from top to bottom, straight
丿	撇 downward-left stroke	八	from top to lower left
乀	捺 downward-right stroke	人	from top to lower right
丿	提 upward stroke	沙	from bottom to upper right

 写一写。Write the characters.

liù 丶 亠 六 六 six

sān 一 二 三 three

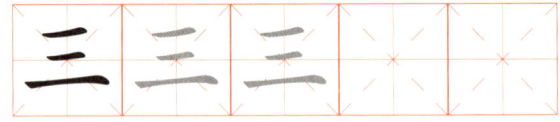

shí 一 十 ten

bā 丿 八 eight

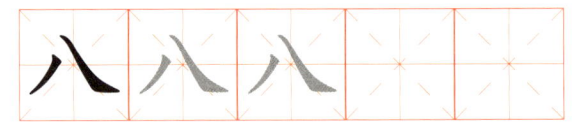

rén 丿 人 people

shā 丶 丶 氵 汀 沙 沙 sand

第二部分　课前热身

1. 读读下面的词语。Read the following words aloud.

   （1）你(nǐ)　我(wǒ)　他(tā)　　（2）马克(Mǎkè)　阿里(Ālǐ)

   （3）沙特(Shātè)　　　　　　　（4）和(hé)　是吗(shì ma)　是吧(shì ba)

2. 读读下面的句子。Read the following sentences aloud.

   （1）你是阿里吗？(Nǐ shì Ālǐ ma?)　　（2）她是莉莉吧？(Tā shì Lìli ba?)

   （3）朱迪是沙特人。(Zhūdí shì Shātèrén.)　　（4）马克和阿里是同屋。(Mǎkè hé Ālǐ shì tóngwū.)

   （5）我不是莉莉，我是朱迪。(Wǒ búshì Lìli, wǒ shì Zhūdí.)

第三部分　功能表达范例与训练

功能表达 1

学学问候；说姓名

李悦(Lǐ Yuè)：你好(Nǐ hǎo)①！

马克(Mǎkè)：悦老师(Yuè lǎoshī)，您好(nín hǎo)！

[李悦 (Lǐ Yuè)；马克 (Mǎkè)]

① "你好"用于见面打招呼；"您"称谓对方表示尊敬。You can say "你好" to greet someone. When you use "您," you show respect to the person you are greeting.

第 1 课

李悦：（笑 Laughing）我姓李。

马克：哦②，李老师好！

李悦：你叫什么名字？

马克：我叫马克。

② "哦"表示明白了。"哦" means "I see".

1	你	nǐ	代	you	
2	好	hǎo	形	good	
3	老师	lǎoshī	名	teacher	老师好
4	您	nín	代	you (with respect)	您好
5	我	wǒ	代	I	我姓李
6	姓	xìng	名	family name	姓李
7	叫	jiào	动	to call, to be called	我叫马克
8	什么	shénme	代	what	姓什么；叫什么
9	名字	míngzi	名	name	什么名字

一、语言表达聚焦 Focus on expressions

1. 你叫什么名字？

   一般地询问姓名，不能用来询问长辈或上级。

   Used to ask someone's name, but it is impolite to use this expression to ask the name of an elder or a superior.

2. 你姓什么？/ 您贵姓 (guìxìng, term of respect)？

   询问姓氏。"您贵姓？"表示尊敬。回答都用"我姓……"。

   Used as a respectful way to ask someone's surname. The response, "我姓……" is used to answer the question.

3. 姓 + 名

中国人的姓名结构是先写姓，后写名。

The structure of Chinese names is "surname + given name". The surname is put before the given name.

例：李（姓）+ 悦（名）

📝 填空。Fill in the blanks.

（1）A: 老师您好。　　B: _____。

　　A: _____?　　B: 我姓李。

（2）A: _____叫_____名字?

　　B: 我_____何（Hé），_____何大华（Hé Dàhuá）。

二、说一说：跟同学和老师打招呼并问问他们的姓名。Speak: Say hello to your classmates and teacher and ask their names.

功能表达 2

学学说身份；说明与他人相同（也 +V）；否认 a，肯定 b（不是 / 姓 a，是 / 姓 b）

阿里：您好！您是老师吗？
Ālǐ: Nín hǎo! Nín shì lǎoshī ma?

金志英：我不是老师。
Jīn Zhìyīng: Wǒ bú shì lǎoshī.

阿里：你是学生吧？
Ālǐ: Nǐ shì xuéshēng ba?

金志英：是，我叫金志英，是新生。
Jīn Zhìyīng: Shì, wǒ jiào Jīn Zhìyīng, shì xīnshēng.

阿里：我叫阿里，也是新生。
Ālǐ: Wǒ jiào Ālǐ, yě shì xīnshēng.

[阿里 (Ālǐ)；金志英 (Jīn Zhìyīng)]

10	是	shì	动	to be	是老师
11	吗	ma	语气		是老师吗？
12	不	bù	副	no, not	不是；不叫
13	学生 学	xuésheng xué	名 动	student to study	
14	吧	ba	语气		是学生吧？
15	新生 新	xīnshēng xīn	名 形	new student new	新老师
16	也	yě	副	also, too	也是；也叫

一、语言表达聚焦 Focus on expressions

1. 不是 / 姓 a，是 / 姓 b

   否认 a，肯定 b。

   Negate "a" and affirm "b".

   例：(1) 我不是老师，是学生。　(2) 我不姓悦，我姓李。

📝 假设你是图中的人物，请用"不是……，是……"说说你的身份。Suppose you are the person in the picture, now please use "不是……，是……" to express your identity.

≠医生（yīshēng, doctor）　　≠老师　　　　≠学生

2. 吗 / 吧

   表示疑问语气。"吗"询问无所知问题；"吧"询问已有猜测问题。

   "吗 / 吧" are used at the end of a sentence to show that you are asking a question. "吗" is used to ask about something you know nothing about, while "吧" is used to ask about something that you have already thought about.

例：（1）你是新生吗？（不知道你是不是新生。I have no idea whether you are a freshman or not.）

（2）你是新生吧？（根据某些现象，猜到你可能是新生。I guess you are a freshman.）

用"吧"或"吗"问问图中人物的身份。Ask about identity by using "吧" or "吗".

觉得（juéde, to think）她是老师　　觉得他们是学生　　觉得他是医生

不知道他是不是老师　　不知道他是不是学生　　不知道她是不是医生

3. 也 +V/ 也不 +V

说明与他人相同。

Used to show similarity with others.

例： 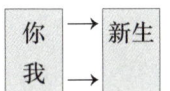 你是新生，我也是新生。

你不是老生（lǎoshēng, senior student），我也不是老生。

注意：英语中的"Me too"在汉语中不能说"我也"，应该说"我也是"。

Remember: "Me too" is expressed as "我也是……" in Chinese. You cannot say "我也".

下面这些表达对吗？（对的用"√"，错的用"×"并改正。）Judge whether the following expressions are right ("√") or wrong ("×") and then correct the wrong sentences.

（1）莉莉（Lìli）也是留学生（liúxuéshēng, international student）吗？　　（　　）

（2）张天林（Zhāng Tiānlín）是老师也。　　（　　）

（3）也夏莉（Xià Lì）不是新生。　　（　　）

（4）A: 何莉（Hé Lì）是学生。　　B: 张杰（Zhāng Jié）也。　　（　　）

二、和你的同桌互相问问名字和身份。Ask about the name and identity of your deskmate.

功能表达 3

学学说国籍

莉莉：大家好！我叫莉莉。

阿里：你好，我是阿里，来自肯尼亚。

杰希：你好，我叫杰希。你是哪国人？

莉莉：我是美国人，你呢？①

杰希：我是加拿大人，认识你很高兴。

[莉莉 (Lìli)；杰希 (Jiéxī)]

① 询问对方或他人相同问题时，可用"人称代词/[人名]呢？" When you ask one person the same question that you have just asked another person, you can use the structure "人称代词/[人名]呢？"

17	大家	dàjiā	代	everybody, you all	大家好
18	来自	láizì	动	to come from	来自美国
19	哪国人	nǎ guó rén		(someone) from which country	
	哪	nǎ	代	which	
	国	guó	名	country, nation	中国；韩国
	人	rén	名	person, people	中国人；韩国人
20	认识	rènshi	动	to know (someone)	认识你
21	很	hěn	副	very, quite	很好
22	高兴	gāoxìng	形	happy, glad	很高兴

国家 (guójiā, nation)	……（国）人 (nationality)	国家	……（国）人
中国 (Zhōngguó, China)	中国人 (Zhōngguórén, Chinese)	俄罗斯 (Éluósī, Russia)	俄罗斯人 (Éluósīrén, Russian)
日本 (Rìběn, Japan)	日本人 (Rìběnrén, Japanese)	法国 (Fǎguó, France)	法国人 (Fǎguórén, French)
韩国 (Hánguó, South Korea)	韩国人 (Hánguórén, South Korean)	德国 (Déguó, Germany)	德国人 (Déguórén, German)
英国 (Yīngguó, Britain)	英国人 (Yīngguórén, British)	肯尼亚 (Kěnníyà, Kenya)	肯尼亚人 (Kěnníyàrén, Kenyan)
美国 (Měiguó, America)	美国人 (Měiguórén, American)	沙特 (Shātè, Saudi Arabia)	沙特人 (Shātèrén, Saudi Arabian)
加拿大 (Jiānádà, Canada)	加拿大人 (Jiānádàrén, Canadian)	你的国家叫什么名字？请你写在这里： Which country are you from? Write it here: _____	

一、语言表达聚焦 Focus on expressions

> 你是哪国人？
>
> 询问国籍。说明国籍："我是……（国）人"，也可说"我来自……（国）"。
>
> Used to ask about someone's nationality. You can answer by using either " 我是……（国）人 "or " 我来自……（国）".

填空。Fill in the blanks.

（1）A: 莉莉是哪国人？　　B: 莉莉_____。

（2）A: 阿里_____？　　B: 阿里来自肯尼亚，是_____。

（3）杰希_____，是_____。

二、看图表达：询问他们的姓名、国籍和身份，回答时用上"也"。Describe the picture: Ask about their names, nationalities and identities. Then answer with "也".

莉莉　　马克　　

张杰
李林（Lǐ Lín）　≠学生

李悦

张天林

功能表达 4

学学说关系；说明把几个包括在内（都+V）；说明并连的两个人或事（a+和+b）

	Mǎkè	:	Tā shì wǒ de péngyou, jiào Lúkǎ.
	马克	：	他是我的朋友，叫卢卡。

Jiéxī： Nǐ hǎo, wǒ jiào Jiéxī, shì Mǎkè de tóngxué.
杰希：你好，我叫杰希，是马克的同学。

Ālǐ： Wǒ shì Ālǐ, wǒ hé Mǎkè shì tóngwū.
阿里：我是阿里，我和马克是同屋。

Mǎkè： Tāmen dōu shì wǒ de tóngxué hé hǎo péngyou.
马克：他们都是我的同学和好朋友。

Lúkǎ： Nǐmen hǎo! Rènshi nǐmen hěn gāoxìng.
卢卡：你们好！认识你们很高兴。

[卢卡（Lúkǎ）]

23	他	tā	代	he, him	
	她	tā	代	she, her	
24	的	de	助	of	我的朋友
25	朋友	péngyou	名	friend	新朋友；中国朋友
26	同学	tóngxué	名	classmate	同学们
	同~	tóng			同事；同桌
27	和	hé	连	and	老师和学生

28	同屋	tóngwū	名	roommate	马克的同屋
29	他们	tāmen	代	they, them	他们是朋友
	~们	men		plural suffix	你们；我们；他们
30	都	dōu	副	both, all	都是；都认识

一、语言表达聚焦 Focus on expressions

1. 都

    表示在一个范围内的 a、b、c、d……在某个方面一样。

    Used to show "a, b, c, d…" share similarities.

2. 和

    用于连接并列关系的 a 与 b。a、b 一般是 N 或 NP，在句子里一般作主语、宾语或定语。

    Used to connect "a" and "b" and express a parallel relationship between the two. Generally, "a" and "b" are nouns or noun phrases and can act as subjects, objects, or attributes in a sentence.

    例：（1）马克和阿里是同屋。 （2）他们都是我的同学和好朋友。

📝 选择"也／都／和"填空。Fill in the blanks with "也／都／和".

（1）您____是老师吧？

（2）他们____来自韩国。

（3）A: 他是美国人，你呢？　　B: 我____是。

（4）何大华____陈思思 (Chén Sīsī) ____是中国学生。

（5）马克是我的同学，____是我的好朋友，莉莉____是我的同学____好朋友，他们____是我的同学____好朋友。

二、看图表达：询问图中人物的关系和身份，请你的同桌答一答。Describe the pictures: Ask your deskmate about both the identities of the people in the pictures and how they know each other.

第1课

和　　都　　学生　　朋友　　同屋　　同桌（tóngzhuō, deskmate）
同事（tóngshì, colleague）　　老师　　姓　　叫

金志英　平田（Píngtián）

阿里　马克

张天林　李悦

第四部分　课文

金志英：你好！
Jīn Zhìyīng: Nǐ hǎo!

卢卡：你好，你是……马克的同学吧？
Lúkǎ: Nǐ hǎo, nǐ shì… Mǎkè de tóngxué ba?

金志英：是，我们都是马克的同学。
Jīn Zhìyīng: Shì, wǒmen dōu shì Mǎkè de tóngxué.

卢卡：我和马克是好朋友。你叫什么名字？
Lúkǎ: Wǒ hé Mǎkè shì hǎo péngyou. Nǐ jiào shénme míngzi?

朱迪：我叫朱迪。
Zhūdí: Wǒ jiào Zhūdí.

卢卡：你是莉莉的同屋吧？
Lúkǎ: Nǐ shì Lìli de tóngwū ba?

朱迪：是，你也认识莉莉吗？
Zhūdí: Shì, nǐ yě rènshi Lìli ma?

［朱迪（Zhūdí）］

卢　　卡：认识，我 和 莉莉 也是好朋友。
　　　　　你 是 哪 国 人？

朱　　迪：我 是 沙 特 人，你呢？

卢　　卡：我 来 自 德 国。认识 你 很 高 兴！

朱　　迪：我也很高兴！再见！

卢　　卡：再见！

（卢卡离开 Luka leaves）

朱　　迪：金志英，他 叫 什 么 名 字？

金 志 英：他 叫 …… 他 叫 ……

| 31 | 再见 | zàijiàn | 动 | goodbye | 老师再见 |

课文综合练习 Comprehensive exercises

1. 根据课文内容回答。Answer the following questions according to the text.

   卢卡是哪国人？朱迪呢？

2. 根据课文内容，用"也／都／和"回答。Answer the following questions with "也／都／和".

   （1）金志英是马克的同学吗？朱迪呢？

   （2）卢卡认识马克吗？认识莉莉吗？

3. 根据课文内容，用"不是……，是……"回答。Answer the following questions with "不是……，是……".

   （1）马克是老师吗？

（2）朱迪是美国人吗？

（3）朱迪是金志英的同屋吗？

4. 想一想，说一说。Think and speak.

（1）卢卡认识金志英吗？金志英认识卢卡吗？

（2）金志英为什么 (wèi shénme, why) 说"他叫……他叫……"？

知道 (zhīdào, to know)

第五部分　综合表达训练

1. 读一读，选一选，再根据自己的情况答一答。Read the questions, then match them with the appropriate response. Then answer the questions based on your own experience.

A. 何大华。	D. 是，我是新生。
B. 我来自日本。	E. 不是，她是我的老师。
C. 我姓张。	F. 是，他们都是我的好朋友。

例：您贵姓？　　　　　　　（ C ）

（1）你是哪国人？　　　　（ 　）

（2）你叫什么名字？　　　（ 　）

（3）你是学生吧？　　　　（ 　）

（4）她是你的同学吗？　　（ 　）

（5）他们都是你的朋友吗？（ 　）

2. 看图表达：用"也/和/都"说一说人物的国籍和关系。Describe the pictures: Introduce their nationalities and relationships using "也/和/都".

例：马克 → 留学生　莉莉 → 美国人　　马克是留学生，莉莉也是留学生，马克和莉莉都是留学生。

（1）李悦 → 老师　张天林 → 中国人

（2）夏佳 → 　　卢卡 → 老生

（3）阿里 → 美国人　杰希 → 沙特人

3. 看图表达：问问你的同桌这些人的名字、国籍、身份和关系。Ask your deskmate about the names, nationalities, and identities of the people in the pictures and how they know each other.

金志希 (Jīn Zhìxī)，韩国人　　老师　马迪 (Mǎ Dí)　　李可 (Lǐ Kě)，中国人
李希 (Lǐxī)，德国人　　　　　　　　　　　　　　　　朱莉 (Zhūlì)，法国人　同屋

4. 看图，用"吗"或"吧"填空。Fill in the blanks with "吗" or "吧" based on the pictures.

例：他们是学生吧？
　　他是她的男朋友 (nán péngyou, boyfriend) 吗？

（1）他们是朋友____？
（2）他们是同屋____？

（3）他是哪国人？他是日本人____？
（4）他叫平田，他是日本人____？

（5）他们都认识____？他们是朋友____？
（6）他们认识____？他们是学生____？

5. 小组活动：猜猜他/她是谁。Guess who he/she is.
请跟你的三位同学一起完成下面的活动，并使用以下词语。Do the following activities with three of your classmates using the following words.

是……，不是……　　吗　　吧　　和　　老师
学生　　同屋　　同桌　　……（国）人

活动（1）：两人配合问答，描述本课的人物，让大家猜猜他/她是谁。Pair work: Describe a figure in this text and let others guess who he/she is.

例：朱　迪：她是学生吗？　　　　马　克：是。

第 1 课　　21

阿　里：她是马克吗？	马　克：不是。
金志英：他是美国人吗？	马　克：不是。
杰　希：他是莉莉的同屋吗？	马　克：是。
莉　莉：她是朱迪吧？	马　克：对（duì, right）。

活动（2）：四人一组，一人描述班里的一位同学，其他三人猜一猜。Four students work in a group. One of the students describes a student in your class while the other three students guess who he/she is.

6. 说一说，写一写。Speak and write.

询问两位同学的姓名、国籍、身份（新生/老生），用下列句型或词语向大家介绍这两位同学，然后再把你说的话写下来。Ask two students about their names, nationalities, and identities (as new students or returning students). Introduce these two students to your classmates by using the following words and expressions. Then write down your description.

她/她叫……　　　是……（国）人
他/她来自……（国）　　……（也/不）是……
都　　新生　　我的　　同学　　和　　好朋友

第六部分　文化读本

中国人的名字

中国人名字的结构是：姓＋名。比如中国学生何大华，何是姓，大华是名。常见的姓有：李、王、张、刘、陈、杨、黄、赵、周、吴、何等。

名字里往往有父母的希望，如"金"和"贵"等是希望孩子富贵。希望女儿快乐、漂亮，就叫"悦、美、丽、晶、莉"等；希望儿子杰出、健康，就叫"杰、健、强、山、江"等。

1	结构	jiégòu	structure
2	比如	bǐrú	for example
3	常见	chángjiàn	common
4	等	děng	etc.
5	里	li	in, inside
6	往往	wǎngwǎng	often, usually
7	有	yǒu	to have
8	父母	fùmǔ	parents
9	希望	xīwàng	to expect, to hope
10	孩子	háizi	child, children
11	富贵	fùguì	wealthy and prominent
12	女儿	nǚ'ér	daughter
13	快乐	kuàilè	happy
14	漂亮	piàoliang	beautiful
15	就	jiù	in that case, then
16	儿子	érzi	son
17	杰出	jiéchū	outstanding
18	健康	jiànkāng	healthy, sound

常用寒暄语

你好！／您好！	Hello! Hi! / How are you?
认识你／您很高兴。	Nice to meet you./ It's my pleasure to meet you.
谢谢（你／您）。 Xièxie nǐ / nín.	Thanks./ Thank you.
不客气。／不谢。 Bú kèqi. Bú xiè.	You're welcome. / Don't mention it. / Not at all.
对不起。／不好意思。 Duìbuqǐ. Bù hǎoyìsi.	Sorry. / Excuse me.
没关系。 Méi guānxi.	Never mind. / It's nothing. / That's all right.
再见！／拜拜！ Báibái!	See you later! / Bye-bye.

19	常用	chángyòng	commonly used	20	寒暄语	hánxuānyǔ	small talk expressions

第 2 课

这是我的全家福

基本功能项及内容

	功能项	本课表达	基本结构	举例
1	表数量 Describing quantities	表达 0-99 的整数 Describing numbers 0-99	[个位数] [十位数] + [个位数]	六 七十二
		两 The number two	两 + 量 + N	两口人
2	说明 Explanations	说明物品 Describing objects	这是 +N	这是我的全家福。
		说明年龄 Describing age	（今年）+ 数 + 岁	我今年二十岁。
		说明数量 Describing quantity - 说明人物事物数量 Describing the quantities of people and objects - 说明家庭人口数量 Describing the number of people in one's family	N_1 + 有 + 数量 + N_2 N + 家 + 有 + 数 + 口人	张老师有个女儿。 我家有两口人。
		利用方位说明人物 Using position to describe a person	（N_1+）方位 + 是 + N_2	（我）右边是我爷爷。
		说明职业 Describing jobs - 说明工作地点 Describing workplace location - 说明具体职业 Describing where you work and what you do	在 + [工作单位] + 工作 N + 是 + [职业]	我在汽车公司工作。 我是医生。
		说明专业 Describing your major	[人]+的+专业+是+N [人] + 学 + [专业]	我的专业是医学。 我学经济。

第 2 课

	功能项	本课表达	基本结构	举例
3	询问 Asking questions	问数量 Asking about the quantity of something – 问人物事物数量 Asking about the quantity of people and objects – 问家庭人口数量 Asking about the number of family members in someone's family	有 + 几 / 多少 + 个 + N? N + 家 + 有 + 几口人?	你有几个朋友? 您家有几口人?
		问人物 Asking who someone is	[人] + 是 + 谁?	他是谁?
		问年龄 Asking about age – 问孩子 Asking about the age of children – 问年龄相仿的人 Asking about the age of peers – 问老年人或长辈 Asking about the ages of elders or superiors	(今年) + 几岁 / 多大? (今年) 多大? (今年) + 多大年纪?	你几岁? 你今年多大? 他今年多大年纪?
		问职业 Asking about someone's job – 问工作地点 Asking where someone works – 问具体职业 Asking about someone's job	在 + 哪儿 + 工作? 做 + 什么 + 工作?	你在哪儿工作? 你做什么工作?
		问专业 Asking about someone's major	[人] + 的 + 专业 + 是 + 什么? [人] + 学 + 什么 (+ 专业)?	你的专业是什么? 你学什么专业?

第一部分　语音和汉字

一、复合韵母 Compound finals

1. ai　ei　ao　ou

📝 读一读。Read aloud.

（1）mǎi（买，to buy）— měi（美，beautiful）　　bǎi（百，hundred）— běi（北，north）
　　 gǎi（改，to correct）— gěi（给，to give）　　hái（孩，child）— hēi（黑，black）

（2）zǎo（早，early）— zǒu（走，to walk）　　hào（号，date）— hòu（后，back）
　　 shǎo（少，few）— shǒu（手，hand）　　táo（桃，peach）— tóu（头，head）

2. ia　ie　ua　uo　üe

📝 读一读。Read aloud.

（1）jiā（家，family）— jiē（街，street）　　xià（下，under）— xiè（谢，to thank）
　　 jiǎ（假，fake）— jiě（姐，sister）　　yá（牙，tooth）— yé（爷，grandfather）

（2）huā（花，flower）— huǒ（火，fire）　　guā（瓜，melon）— guó（国，country）

（3）yuè（月，month）— què（却，but）　　xué（学，to study）— xuě（雪，snow）

3. iao　iou　uai　uei

📝 读一读。Read aloud.

（1）piào（票，ticket）　niǎo（鸟，bird）　jiǎo（脚，foot）　xiǎo（小，small）

（2）jiǔ（九，nine）　liù（六，six）　yǒu（有，to have）　niú（牛，ox）

（3）kuài（快，fast）　huài（坏，bad）　shuǐ（水，water）　guì（贵，expensive）
　　 duì（对，right）　zuì（最，most）　tuǐ（腿，leg）　wèi（喂，hi）

4. 声调的标写 Rules of tone marking
韵母有两个或两个以上元音时，一般按 a、o、e、i、u、ü 的顺序标写。如果 i 和

u 同时出现，就标在后一个元音上，如 jiǔ、duì。

When a final consists of two or more vowels, the tone should be marked over the vowels in the order of "a, o, e, i, u, ü". But if a final consists of both "i" and "u", the tone should be marked over the second vowel, such as in "jiǔ" or "duì".

二、鼻韵母 Nasal finals

1. 前鼻韵母和后鼻韵母 Front nasal finals and back nasal finals

   （1）前鼻韵母8个：an、en、in、ün、ian、uan、uen、üan
   （2）后鼻韵母8个：ang、eng、ing、ong、iang、uang、iong、ueng

   发 n 时舌尖往上齿龈移动，最后抵住上齿龈；发 ng 时舌根向软腭移动，最后抵住软腭。练习时，可利用含有 -n～d-、t-、n-、l-和-ng～g-、k-、h-这样的词，用后字带前字。

   When you pronounce "n", the tip of your tongue should move to the upper alveolar ridge until it is pressed against it. When you pronounce "ng", you should move the root of your tongue to the soft palate until it is pressed against it. When practicing, you can make use of those words whose syllables contain "-n" ~ "d-, t-, n-" or "l-" and "-ng" ~ "g-, k-" or "h-".

   例： fán～nǎo（烦恼）　　kāng～kǎi（慷慨）
   　　 fèn～dòu（奋斗）　　shēng～huó（生活）
   　　 ān～lè（安乐）　　　huáng～hé（黄河）
   　　 tān～tú（贪图）　　　zhōng～guó（中国）
   　　 jīn～tiān（今天）　　 liǎng～gè（两个）

   注意：ong 不能作为独立的音节出现，ueng 只能作为独立的音节。

   Remember: "ong" cannot be an independent syllable, while "ueng" must be an independent syllable.

📝 读一读。Read aloud.

（1）bān（班, class）— bāng（帮, to help）　pán（盘, plate）— páng（旁, beside）
　　 lán（蓝, blue）— láng（狼, wolf）　　 sǎn（伞, umbrella）— sǎng（嗓, throat）

（2）fēn（分，minute）— fēng（疯，mad）　gēn（根，root）— gēng（耕，to plough）

（3）lín（林，woods）— líng（零，zero）　jīn（今，today）— jīng（京，the capital of a country）

（4）yún（云，cloud）— yòng（用，to use）　qún（群，crowd）— qióng（穷，poor）

（5）liǎn（脸，face）— liǎng（两，two）　nián（年，year）— niáng（娘，mum）

　　qián（前，front）— qiáng（墙，wall）　yán（盐，salt）— yáng（羊，goat）

（6）wǎn（碗，bowl）— wǎng（往，towards）guān（关，to turn off）— guāng（光，light）

（7）dūn（蹲，to squat）— dōng（东，east）　lún（轮，to take turns）— lóng（龙，dragon）

2. 韵母的标写 Writing of finals

（1）i、u、ü 开头的韵母自成音节时注意：i 行的 i、in、ing，前加 y，如 yin，其他音节中，i 改成 y，如 yang。u 行的 u，前加 w，如 wu；其他音节中，u 改成 w，如 wai。ü 行的 ü，音节前加 y，ü 上两点省略，如 yu、yue。

If a syllable begins with "i", such as "i, in" or "ing", a "y" is added before the "i", as in "yin". "i" is also changed to "y" in other syllables, such as "yang". If a syllable begins with "u", a "w" is added before the "u", as in "wu". "u" is also changed to "w" in other syllables, such as "wai". If a syllable begins with "ü", a "y" is added before it and the two dots of "ü" must be omitted, as in "yu" or "yue".

（2）iou、uei、uen 前有声母时，要写成 iu、ui、un。如 liou → liu, suei → sui, duen → dun。

If there is an initial before "iou, uei, uen", then they are written as "iu, ui, un". For example, liou → liu, suei → sui, duen → dun.

三、拼音练习 *Pinyin* exercises

1. 看图片，读一读。Look at the pictures and read the following words aloud.

- + -　　fēijī　　xīguā　　sījī
　　　　飞机　　西瓜　　司机

- + ˊ　　huāpíng　xīnniáng　kāimén
　　　　花瓶　　新娘　　开门

第 2 课

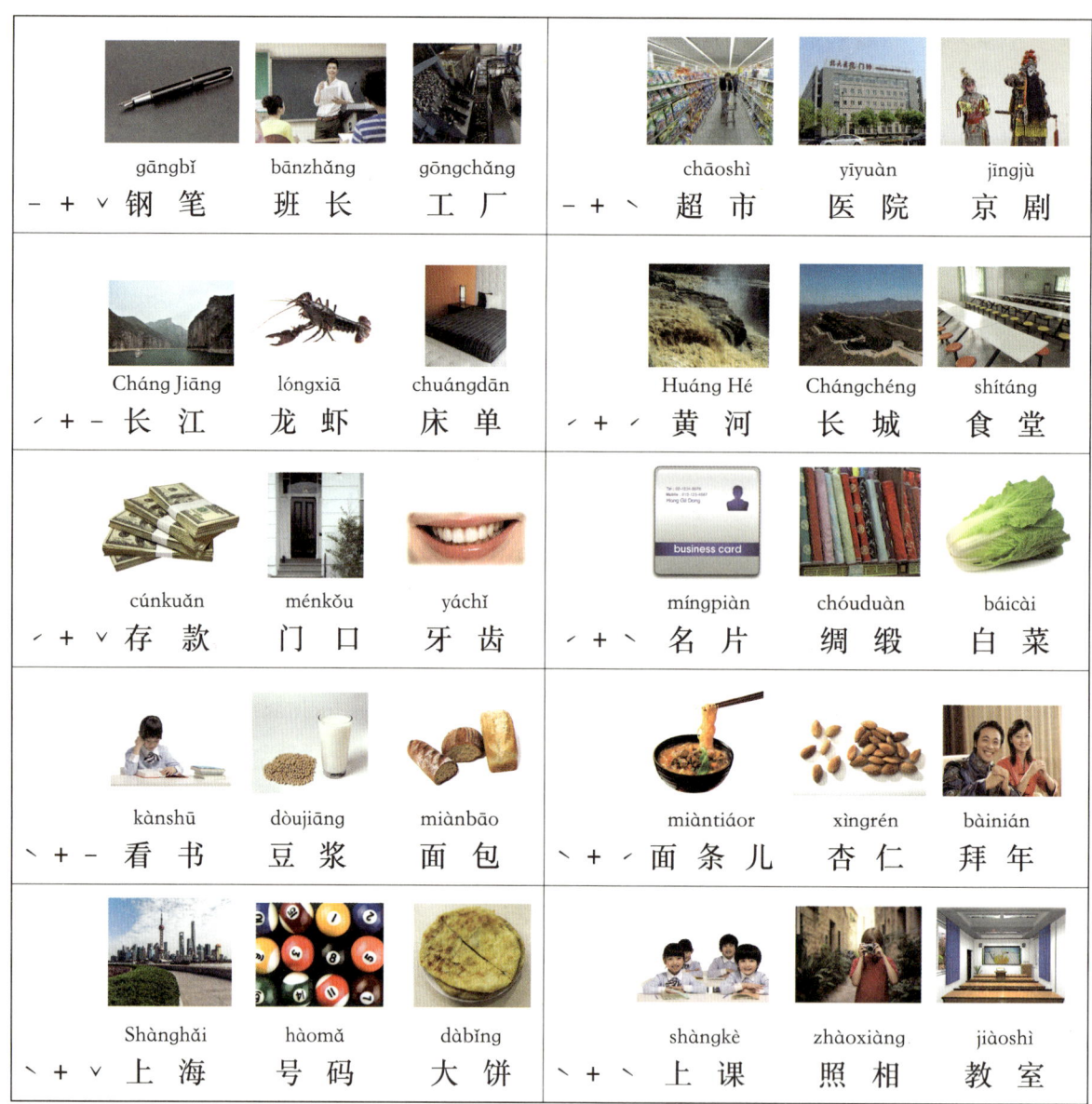

2. 读一读，认一认。Read alond and focus on the syllables.

(1) - + - / ˊ / ˇ / ˋ: xīnshēng（新生，freshman）　　Chūnjié（春节，Spring Festival）
　　　　　　　　　　　Duānwǔ（端午，Dragon Boat Festival）　zhuānyè（专业，major）

(2) ˊ + - / ˊ / ˇ / ˋ: tóngwū（同屋，roommate）　　értóng（儿童，children）
　　　　　　　　　　　rénkǒu（人口，population）　niánjì（年纪，age）

(3) ˋ + - / ˊ / ˇ / ˋ: miànbāo（面包，bread）　　liànxí（练习，to practice）
　　　　　　　　　　　Hànyǔ（汉语，Chinese）　zuòyè（作业，homework）

3. 读读下面的古诗。Read the following poems aloud.

Yí Qù Èr-sān Lǐ 一 去 二 三 里	Jìng Yè Sī 静 夜 思
Sòng Shào Yōng 宋 · 邵 雍	Táng Lǐ Bái 唐 · 李 白
Yí qù èr-sān lǐ , 一 去 二 三 里 ,	Chuáng qián míng yuè guāng , 床 前 明 月 光 ,
Yān cūn sì-wǔ jiā , 烟 村 四 五 家 ,	Yí shì dì shang shuāng 。 疑 是 地 上 霜 。
Tíng tái liù-qī zuò , 亭 台 六 七 座 ,	Jǔ tóu wàng míng yuè , 举 头 望 明 月 ,
Bā-jiǔ-shí zhī huā 。 八 九 十 枝 花 。	Dī tóu sī gùxiāng 。 低 头 思 故 乡 。

四、学学写汉字 Learn to write Chinese characters

1. 汉字的笔顺 The stroke order of Chinese characters

Bǐshùngē 笔 顺 歌		举例	
Xiān héng hòu shù shàng dào xià , 先 横 后 竖 上 到 下 ,	(Horizontal before vertical, from top to bottom,)	shí 十	èr 二
Xiān piě hòu nà zuǒ yòu fēn , 先 撇 后 捺 左 右 分 ,	(Downward-left before downward-right, from left to right,)	rén 人	ér 儿
Xiān wài hòu nèi zài guān mén 。 先 外 后 内 再 关 门 。	(Outside before inside before closing.)	tóng 同	guó 国

2. 认识汉字的笔画：折（㇆、㇈、㇉、㇌）The turning stroke in Chinese characters

mǎ ㇆马马 horse

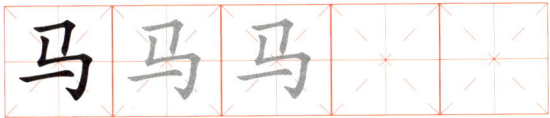

suì 丨屮屮岁岁岁 year (of age)

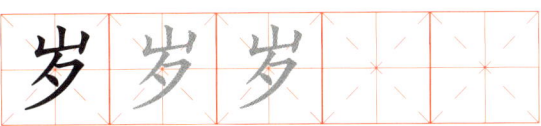

me ノ 么 么 suffix, e.g. 什么

méi 丶丶氵汐没没 not to have

第二部分　课前热身

1. 读读下面的词语。Read the following words and phrases aloud.

   （1）今年　多大
   jīnnián　duō dà

   （2）两口人　六岁
   liǎng kǒu rén　liù suì

   （3）工作　医生　家庭主妇　专业　医学
   gōngzuò　yīshēng　jiātíng zhǔfù　zhuānyè　yīxué

   （4）照片　全家福　左边　右边
   zhàopiàn　quánjiāfú　zuǒbian　yòubian

2. 读读下面的句子。Read the following sentences aloud.

   （1）你今年多大了？
   Nǐ jīnnián duō dà le?

   （2）张老师有孩子吗？
   Zhāng lǎoshī yǒu háizi ma?

   （3）您家有几口人？
   Nín jiā yǒu jǐ kǒu rén?

   （4）我在汽车公司工作。
   Wǒ zài qìchē gōngsī gōngzuò.

   （5）这是我的全家福。
   Zhè shì wǒ de quánjiāfú.

第三部分　功能表达范例与训练

功能表达 1

学学表数量；说年龄

金志英：Jīn Zhìyīng: Shīfu hǎo. 师傅好。

司机：Sījī: Nǐ hǎo, nǐ shì zhōngxuéshēng ba? 你好，你是中学生吧？

金志英：Jīn Zhìyīng: Búshì, wǒ shì Tiānnán Dàxué de xuésheng. 不是，我是天南大学的学生。

司机：Sījī: Nǐ shì dàxuéshēng? Jīnnián duō dà? 你是大学生？今年多大？

金志英：Jīn Zhìyīng: Wǒ jīnnián èrshí suì. 我今年二十岁。

[天南大学 (Tiānnán Dàxué, Tiannan University)]

1	师傅	shīfu	名	a polite form of address for a man or woman who provides a service	师傅好
2	司机	sījī	名	driver	他是司机
3	中学生 中学	zhōngxuéshēng zhōngxué	名 名	middle school student middle school	什么中学
4	大学生 大学	dàxuéshēng dàxué	名 名	college student college, university	什么大学
5	今年 年	jīnnián nián	名 名	this year year	三年
6	多大 多 大	duō dà duō dà	 代 形	how old how big, old	

第 2 课

| 7 | 二十 | èrshí | 数 | twenty | |
| 8 | 岁 | suì | 名 | age | 二十岁 |

一、**语言表达聚焦 Focus on expressions**

1. 表达 0-99 的整数 Describing numbers 0-99

   Numbers 0-10：0 零 (líng)、1 一 (yī)、2 二 (èr)、3 三 (sān)、4 四 (sì)、5 五 (wǔ)、6 六 (liù)、7 七 (qī)、8 八 (bā)、9 九 (jiǔ)、10 十 (shí)

   Numbers 11-99：先说十位数，再说个位数。

   Say the ten-digit number first, followed by the single-digit number.

   例：45——四十五 (sìshíwǔ)   68——六十八 (liùshíbā)

读一读，然后在横线上写一写。Read and write.

	yī 1 一	èr 2 二	sān 3 三	sì 4 四	wǔ 5 五	liù 6 六	qī 7 七	bā 8 八	jiǔ 9 九
shí 10 十		___							___
èrshí 20 二十		èrshí'èr 22 二十二		___	èrshíwǔ 25 二十五			___	èrshíjiǔ 29 二十九
sānshí 30 三十		sānshí'èr 32 三十二			___				
liùshí 60 六十							___		
jiǔshí 90 九十	___	jiǔshí'èr 92 九十二		___	jiǔshíwǔ 95 九十五				jiǔshíjiǔ 99 九十九

2. 询问年龄 Asking about age

   （1）你（今年）多大（了）？

   问年龄相仿的人 When asking about the age of peers

   （2）您多大年纪（了）？

   问年长者 When asking about the age of the elderly

（3）你几岁（了）？

问小孩儿 When asking about the age of children

用"……了"问，回答时带"了"；不用"……了"问，回答时不带"了"。

If a question is asked with "了", you should answer with "了". If a question is asked without "了", you should also answer without "了".

例：A: 你多大了？　　B: 21 了。

　　A: 你今年多大？　B: 21。

注意：出于礼貌，一般最好不问女性年龄。

Remember: For the sake of politeness, it is usually best not to ask a woman her age.

看图填空。Look at the pictures and then fill in the blanks.

（1）　　　　（2）　　　　（3）　　　　（4）

（1）A: 他_____？　B: 他今年 35 岁了。

（2）A: 你_____？　B: 6 岁了。

（3）A: _____？　　B: 我今年 72 岁了。

（4）A: _____？　　B: 62 岁了。

二、说一说：跟你的同学和老师打招呼并问问他们的年龄。Speak: Greet your teacher and your classmates and ask about their ages.

功能表达 2

学学说家庭人口的数量

马克：李老师，她也是老师吗？
Mǎkè: Lǐ lǎoshī, tā yě shì lǎoshī ma?

李悦：不是，她是张老师的爱人。
Lǐ Yuè: Bú shì, tā shì Zhāng lǎoshī de àiren.

马克：张老师有孩子吗？
Mǎkè: Zhāng lǎoshī yǒu háizi ma?

李悦：有，他有一个女儿，今年六岁。
Lǐ Yuè: Yǒu, tā yǒu yí gè nǚ'ér, jīnnián liù suì.

马克：李老师，您呢？您家有几口人？
Mǎkè: Lǐ lǎoshī, nín ne? Nín jiā yǒu jǐ kǒu rén?

李悦：两口人，我和我丈夫。
Lǐ Yuè: Liǎng kǒu rén, wǒ hé wǒ zhàngfu.

9	爱人	àiren	名	wife or husband	他的爱人
10	有	yǒu	动	to have	有课
11	孩子	háizi	名	child, children	有孩子；一个孩子
12	个	gè	量	measure word used for a wide variety of nouns	一个孩子
13	女儿	nǚ'ér	名	daughter	一个女儿；他的女儿
14	几	jǐ	代	how many, in questions "几" is used to ask about a number less than ten	几岁；几口人
15	口	kǒu	量	measure word used mainly for family members	三口人
16	两	liǎng	数	two	两个人；两口人
17	丈夫	zhàngfu	名	husband	她的丈夫

一、语言表达聚焦 Focus on expressions

1. 量词（I）Measure words (I)

   汉语的数词一般不能单独修饰名词，需要加量词，即：数量+N。

   In Chinese, numbers alone cannot modify nouns. A number must be followed by a measure word, the proper form being "数量 + N".

   例：一个朋友　　三口人

   注意："口"一般只作家庭人口的量词。

Remember: "口" is generally used as a measure word for family members.

2. 二 / 两

都表示"2"。单用时或数数时用"二"，在量词前一般都用"两"。

"二 / 两" can both represent the number 2. When 2 is used alone or when counting, we say "二". When 2 is used before the measure word, we say "两".

例：一、二……　　两个朋友

用"二"或"两"写一写。Choose between "二" and "两".

（1）　　　　　（2）　　　　　（3）　　　　　（4）

（1）一、____、三……他家有五口人。

（2）他家有____口人。

（3）一、____、三、四……他今年____岁。

（4）这是____个____岁的孩子。

3. "位"和"个"

都是可以修饰人的量词。"位"表尊敬，一般用于长辈、地位高的人。

"位" and "个" are both measure words for people. "位" is used for the elderly or when showing respect for them.

用"位"还是"个"？Choose between "位" and "个".

（1）这____老师姓李。

（2）这____小孩今年三岁了。

（3）我有三____中国老师，两____姓王，一____姓李。

（4）张老师有一____女儿。

二、看图表达：介绍下面三个家庭，再和同桌说说你们的家庭。Describe the pictures: Introduce these three families, then introduce your family to your deskmate.

功能表达 3

学学说职业和专业

朱迪： 平田，你在哪儿工作？

平田： 我在汽车公司工作。你呢？你做什么工作？

朱迪： 我不工作，我是学生。

平田： 你学什么专业？

朱迪： 我学医。

平田： 学医？

朱迪： 哦，我的专业是医学。

[平田 (Píngtián)]

18	在	zài	介	on, in	在中国
19	哪儿	nǎr	代	where	在哪儿
20	工作	gōngzuò	名/动	work, job; to work	不工作；有工作

21	汽车	qìchē	名	car	汽车公司
	车	chē	名	vehicle	有车
22	公司	gōngsī	名	company	在公司工作
23	做	zuò	动	to do	
24	专业	zhuānyè	名	major	什么专业
25	医学	yīxué	名	medical science	医学专业
	~学	xué			经济学

一、语言表达聚焦 Focus on expressions

1. 询问职业 Asking about someone's job

   （1）做 + 什么 + 工作？

   询问具体职业 Asking someone about his or her job

   （2）在 + 哪儿 + 工作？

   询问工作地点 Asking where someone works

   注意："在 +N" 一般在动词前面，即：在 +N+V。

   Remember: "在 +N" is generally put before the verb, as in "在 +N+V".

2. 询问专业 Asking about someone's major

   （1）[人] + 学 + 什么（+ 专业）？

   （2）[人] + 的 + 专业 + 是 + 什么？

照例子问答。Ask and answer according to the examples.

例：（1）A: 她在哪儿工作？   B: 她在学校工作，她是老师。

　　　　A: 她学什么专业？   B: 她的专业是历史。/ 她学历史。

（1）	（2）	（3）	（4）
学校 (xuéxiào, school)	医院 (yīyuàn, hospital)	工厂 (gōngchǎng, factory)	政府 (zhèngfǔ, government)
历史 (lìshǐ, history)	医学	建筑 (jiànzhù, architecture)	经济 (jīngjì, economy)

二、了解三位你的同学或朋友的工作和专业。Ask three classmates or friends about their jobs and majors.

姓名	A:	B:	C:
工作			
专业			

第四部分　课文

阿里：这是你家人的照片吗？
Ālǐ: Zhè shì nǐ jiārén de zhàopiàn ma?

平田：是，这是我家的全家福。
Píngtián: Shì, zhè shì wǒ jiā de quánjiāfú.

26	家人	jiārén	名	family members	马克的家人
	家	jiā	名	family	我家；他家；谁家
27	照片	zhàopiàn	名	photo	一张照片
28	全家福	quánjiāfú	名	family portrait	平田的全家福
	全~	quán		whole	全家；全国

阿里：你的旁边都是谁啊？

平田：左边是我妹妹，右边是我姐姐，前边是我爷爷。

阿里：你爷爷今年多大年纪了？

平田：他今年七十二了。

阿里：身体很好啊！爷爷的旁边是你父母吧？他们都很年轻啊！

平田：他们今年都五十岁了。

29	旁边	pángbiān	名	beside	我旁边
30	谁	shéi	代	who; whom	他是谁
31	左边	zuǒbian	名	leftside	我（的）左边
32	妹妹	mèimei	名	younger sister	我妹妹；平田的妹妹
33	右边	yòubian	名	rightside	我（的）右边
34	姐姐	jiějie	名	older sister	平田的姐姐
35	前边	qiánbian	名	in front of	我（的）前边
36	爷爷	yéye	名	grandpa	我爷爷；平田的爷爷
37	年纪	niánjì	名	age	多大年纪
38	身体	shēntǐ	名	body	好身体
39	父母	fùmǔ	名	parents	谁的父母
40	年轻	niánqīng	形	young	年轻的老师

Ālǐ :	Tāmen dōu zài nǎr gōngzuò?
阿里：	他们都在哪儿工作？
Píngtián :	Wǒ māma shì jiātíng zhǔfù, bù gōngzuò. Wǒ
平田：	我妈妈是家庭主妇，不工作。我
	bàba shì yīshēng.
	爸爸是医生。
Ālǐ :	Nǐ māma yě gōngzuò, tā zài jiā li gōngzuò a.
阿里：	你妈妈也工作，她在家里工作啊。

41	家庭	jiātíng	名	family	一个家庭；大家庭
42	主妇	zhǔfù	名	housewife	一位主妇
43	医生	yīshēng	名	doctor	一位医生
44	里	li	名	in, inside	家里

课文综合练习 Comprehensive exercises

1. 根据课文内容回答。Answer the questions according to the text.

    （1）全家福是什么意思(yìsi, meaning)？

    （2）平田家有几口人？

    （3）平田没有介绍(jièshào, to introduce)谁的年龄(niánlíng, age)？

    （4）平田介绍了谁的年龄？他们多大年纪？

2. 根据课文内容判断。(对的用"√"，错的用"×"，不知道的用"？"。) Judge whether the expressions are right ("√"), wrong ("×"), or if there is not enough information provided in the text ("？").

    （1）平田的爷爷不工作。　　　　　（　）

    （2）平田的父母都工作。　　　　　（　）

    （3）平田的爷爷身体很好，很年轻。（　）

    （4）平田的爸爸在医院工作。　　　（　）

    （5）平田在公司工作。　　　　　　（　）

    （6）平田的前边是他的妈妈。　　　（　）

3. 根据课文内容，介绍一下平田的家庭。Introduce Pingtian's family according to the text.

第五部分　综合表达训练

1. 读一读，选一选，再用这些问题问问你的同桌。Read the questions, then match them with the appropriate response. Then ask your deskmate the same questions.

A. 我的专业是经济。	D. 这是我妹妹。
B. 她今年八十岁了。	E. 我不工作，我是学生。
C. 四口人，爸爸、妈妈、我和我的狗 (gǒu, dog)。	F. 他是老师，在学校工作。

   例：这是谁？　　　　　　　　　（ D ）
   （1）你家有几口人？　　　　　（ 　 ）
   （2）你学什么专业？　　　　　（ 　 ）
   （3）你爸爸在哪儿工作？　　　（ 　 ）
   （4）你奶奶多大年纪了？　　　（ 　 ）
   （5）你做什么工作？　　　　　（ 　 ）

2. 看图表达。Describe the pictures.

   例：① A: 马迪在哪儿工作？　　B: 他在学校工作。
   　　　 A: 他做什么工作？　　　B: 他是老师。
   　　　 A: 李克呢？　　　　　　B: 他也在学校工作，他是校长。

   　　② 马迪和李克都在学校工作，马迪是老师，李克是校长。

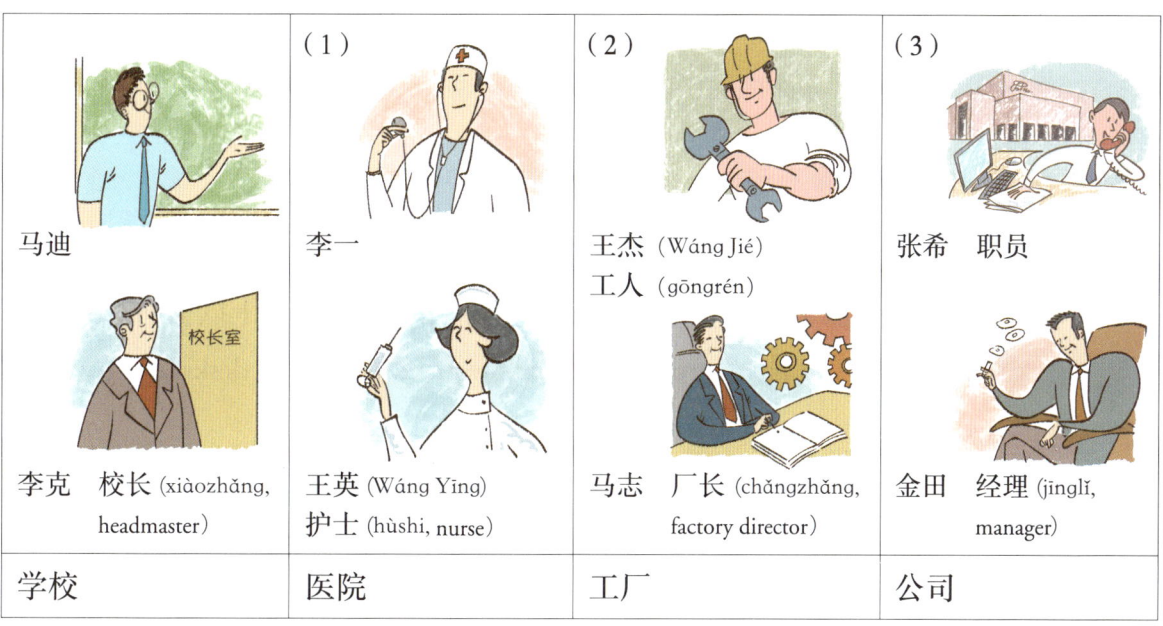

第2课

3. 看图填空。Look at the pictures and then fill in the blanks.

例：A: 他们学什么专业？　　B: 他们的专业是医学。
　　A: 他们在哪儿工作？　　B: 他们在医院工作。

（1） （2）  （3）

（1）A: 他的专业是什么？　　B: _____。
　　 A: _____？　　B: 他在政府工作。

（2）A: 他们学什么专业？　　B: 他们_____。
　　 A: 他们在中国学汉语吗？B: 他们_____。

（3）A: 他_____？　　B: 他的专业是音乐（yīnyuè, music）。

4. 小调查 A survey

　　几口人　　有　　岁　　多大　　工作　　专业　　年纪

活动（1）：请询问三个同学或朋友的家庭情况，并把情况记录下来。Ask three of your classmates or friends about their families. Write down their answers.

活动（2）：请询问三个中国人的家庭情况，询问前，请先做自我介绍。Ask three Chinese people about their families. Before you begin, introduce yourself.

5. 说一说，写一写。Speak and write.

　　旁边　　左边　　右边　　前边　　后边　　父母
　　工作　　多大（年纪）　　几口人　　专业　　年轻

（1）准备一张全家福，和你的同桌互相询问介绍，请尽量用上以上词语。Prepare a family photo and then introduce your family members to your deskmate. Try to use as many of the above words as possible.

（2）请用"这是我的全家福……"开头，介绍一下你的家庭，不会写的汉字可用拼音。Introduce your family, beginning with "This is my family photo". You can use *pinyin* to replace any Chinese characters you do not know how to write.

第六部分　文化读本

你属什么

　　中国有十二生肖，十二生肖其实是十二种动物，它们是：鼠一、牛二、虎三、兔四、龙五、蛇六、马七、羊八、猴九、鸡十、狗十一、猪十二。何大华1990年出生，他属马。莉莉的生日是1991年3月7号，她属羊。你属什么呢？

1	生肖	shēngxiào	any of the twelve animals used to symbolize the year in which a person is born
2	其实	qíshí	actually
3	种	zhǒng	kind

4	动物	dòngwù	animal
5	它们	tāmen	they; them
6	鼠	shǔ	mouse, rat
7	牛	niú	ox
8	虎	hǔ	tiger
9	兔	tù	rabbit

10	龙	lóng	dragon
11	蛇	shé	snake
12	马	mǎ	horse
13	羊	yáng	sheep, lamb
14	猴	hóu	monkey
15	鸡	jī	chicken, rooster

16	狗	gǒu	dog
17	猪	zhū	pig
18	出生	chūshēng	to be born
19	属	shǔ	to be born in the year of

1. 问问班上的同学，谁的生肖和你一样？ Ask your classmates about their Chinese zodiac, then see whose zodiac is the same as yours.

2. 说说自己的生肖，让老师和同学猜猜你的年龄。Tell your teachers and classmates about your Chinese zodiac and have them guess how old you are.

第3课

你每天几点睡觉

基本功能项及内容

	功能项	本课表达	基本结构	举例
1	询问 Asking questions	问时间 Asking about time		
		– 问日期 Asking about the date	N + 几 + 号？	今天几号？
		– 问生日 Asking about someone's birthday	N + 的 + 生日 + 是 + 几 + 月 + 几 + 号？	你的生日是几月几号？
		– 问星期 Asking about the week	N + 星期 + 几？	今天星期几？
		– 问时刻 Asking about the time	现在 + 几 + 点（+ 了）？	现在几点了？
		– 问活动、行动的时间 Asking about when an activity takes place	（S）+ 几点/什么时候 + V？	你几点/什么时候下课？
		– 问经常性活动的时间 Asking about the time when daily activities take place	S + 每天/一般 + 几 + 点 + V？	你每天/一般几点睡觉？
		问 a、b 两种情况中的一种 Asking whether something is "a" or "b"	a + 还是 + b？	八点上课还是八点半上课？
2	打招呼 Greetings	一天中某时间相遇打招呼 Greeting someone	N + 好！	早上好！（早！）
3	说明 Explanation	说明时间 Describing time		
		– 说明日期 Describing the date	N + 是 + 数 + 月 + 数 + 号	今天是九月三十号。
		– 说明生日 Describing one's birthdate	N + 的 + 生日 + 是 + 数 + 月 + 数 + 号	我的生日是十月一号。
		– 说明星期 Describing the week	N + 星期 + 数	明天星期二。
		– 说明时刻 Describing the time	现在 + [钟点]（+ 了）	现在八点一刻了。

	功能项	本课表达	基本结构	举例
3	说明 Explanation	- 说明活动、行动的时间 Describing the time an activity takes place - 说明经常性活动的时间 Describing the time when daily activities take place	[钟点]+V 每天/一般/有时候+ [钟点]+V	我中午十一点起床。 我一般十一点睡觉。
		说明选择范围不超过 a、b 两项 Describing something as either "a" or "b"	a 或者 b	上午或者下午上课。

第一部分　语音和汉字

一、三声变调 Sandhi of the third tone

1. 语流中，两个三声音节在一起时，前一个音节读成接近二声的调。

   If a third tone is followed by another third tone, the first third tone should be pronounced as if it were a second tone, but the tone mark "ˇ" should remain unchanged.

   ˇ + ˇ → ˊ + ˇ

   例：你好 nǐ hǎo → ní hǎo　　很好 hěn hǎo → hén hǎo

2. 三声音节在一、二、四声和大部分轻声音节前，读成半三声，即只读前一半的降调。

   If a third tone precedes a first, second, or third tone or most of the neutral tones, it is pronounced as a half third tone. That is to say, the tone only falls but does not rise.

   ˇ + ˉ/ˊ/ˋ → ˇ + ˉ/ˊ/ˋ

   例：你哥哥 nǐ gēge　　你忙吗 nǐ máng ma　　我要 wǒ yào

📝 读一读。Read aloud.

（1）ˇ+ˇ：suǒyǐ（所以，so）　yěxǔ（也许，maybe）　hěn hǎo（很好，very good）

（2）ˇ+¯：lǎoshī（老师，teacher）　běifāng（北方，north）　xiǎoxīn（小心，careful）

（3）ˇ+ˊ：Měiguó（美国，America）　nǚ'ér（女儿，daughter）　xiǎoháir（小孩儿，child）

（4）ˇ+ˋ：zhǔfù（主妇，housewife）　kě'ài（可爱，lovely）　měilì（美丽，beautiful）

二、"一""不"变调 Tonal changes in "一" and "不"

1. **"一"的变调 Tonal change in "一（yī）"**

   （1）"一"在四声音节或原调为四声音节的轻声前读第二声。

   "一" is pronounced as a second tone "yí" before a fourth tone or before a neutral tone that would normally be a fourth tone.

   $$\overset{yī}{一} + ˋ → \overset{yí}{一} + ˋ$$

   例：一位 yí wèi　　一样 yíyàng　　一定 yídìng　　一个 yí gè

   （2）"一"在一声、二声、三声前面，读第四声。

   "一" is pronounced as "yì", when it precedes a first, second, or third tone.

   $$\overset{yī}{一} + ¯/ˊ/ˇ → \overset{yì}{一} + ¯/ˊ/ˇ$$

   例：一天 yì tiān　　一年 yì nián　　一口 yì kǒu　　一角 yì jiǎo

📝 读一读。Read aloud.

（1）一 + ¯：yìbān（一般，generally）　yì zhōu（一周，one week）　yìxiē（一些，some）

（2）一 + ˊ：yìzhí（一直，always）　yì nián（一年，one year）　yì yuán（一元，one yuan）

（3）一 + ˇ：yìdiǎnr（一点儿，a little）　yìqǐ（一起，together）　yì zhǒng（一种，one kind）

（4）一 + ˋ：yílù（一路，all the way）　yídìng（一定，definite）　yígòng（一共，altogether）

2. **"不"的变调 Tonal change in "不（bù）"**

   "不"在四声音节或原调为四声音节的轻声前读第二声。

   "不" is pronounced as a second tone "bú" before a fourth tone or before a neutral tone that would normally be a fourth tone.

> bù　　　　bú
> 不 + ﹑　→　不 + ﹑
>
> 例：不是 bú shì　　不叫 bú jiào　　不在 bú zài

读一读。Read aloud.

（1）不 + －：
　　　　　bù chī　　bù xīn　　bù gāoxìng　　bù gōngzuò　　bù zhīdào
　　　　　不 吃　　不 新　　不 高 兴　　　不 工 作　　　不 知 道

（2）不 + ˊ：
　　　　　bù xué　　bùtóng　　bù lái　　bù quán　　bù yóuyǒng
　　　　　不 学　　不 同　　　不 来　　不 全　　　不 游 泳

（3）不 + ˇ：
　　　　　bù zǎo　　bù wǎn　　bù hǎo　　bù zǒu　　bù qǐchuáng
　　　　　不 早　　不 晚　　　不 好　　不 走　　　不 起 床

（4）不 + ﹑：
　　　　　bú shì　　bú jiào　　bú shuì　　bú rènshi　　bú shàngkè
　　　　　不 是　　不 叫　　　不 睡　　　不 认 识　　　不 上 课

三、拼音练习 *Pinyin* exercises

1. 读一读。Read aloud.

（1）一 + －/ˊ/ˇ/﹑：
　　　　　yī　　yìbān　　yì rén　　yì liǎng　　yíbàn
　　　　　一　　一 般　　一 人　　一 两　　　一 半

（2）不 + －/ˊ/ˇ/﹑：
　　　　　bù　　bù shuō　　bù dú　　bù xiě　　bú xiè
　　　　　不　　不 说　　　不 读　　不 写　　不 谢

（3）ˇ + －：
　　　　　měi tiān　　huǒchē　　lǎoshī　　hǎochī
　　　　　每 天　　　火 车　　　老 师　　好 吃

（4）ˇ + ˊ：
　　　　　qǐchuáng　　xiǎoshí　　lǎorén　　zǎochen
　　　　　起 床　　　　小 时　　　老 人　　早 晨

（5）ˇ + ˇ：
　　　　　nǐ zǎo　　jǐ diǎn　　jiǔ diǎn　　wǒ yǒu
　　　　　你 早　　几 点　　　九 点　　　我 有

（6）ˇ + ﹑：
　　　　　hǎokàn　　nǎge　　wǎnfàn　　zǎofàn
　　　　　好 看　　　哪 个　　晚 饭　　　早 饭

2. 读读下面的诗句，说说"一"为什么变调。Read the following poem aloud and explain why the tone of "一" changes.

　　Yì fān　yì jiǎng　yì yúzhōu，　yí gè　yúwēng　yí diàogōu．
　　一 帆　一 桨　一 渔 舟，　一 个　渔 翁　一 钓 钩。

Yì fǔ yì yǎng yì cháng xiào , yì jiāng míng yuè yì jiāng qiū .
一 俯 一 仰 一 场 笑 ， 一 江 明 月 一 江 秋 。

四、汉字 Chinese characters

1. 有趣的象形字 Interesting pictographic characters

象形是汉字生成的一种基本方法，下面都是象形字，一个汉字就是一幅画儿。你能猜出来这些画儿是什么汉字，表示什么意思吗？选一选，写一写。Drawing figures or symbols which directly resemble objects is a way of creating Chinese characters. The following characters are all pictographic characters; each one resembles an object. Can you guess what each one stands for and what their meanings are? Choose and then write.

① 	tián 田（ ）	door（ ）	⑧ 	huǒ 火（ ）	water（ ）
② 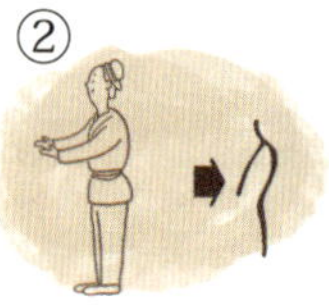	yú 鱼（ ）	field（ ）	⑨ 	kǒu 口（ ）	mouth（ ）
③ 	shān 山（ ）	mountain（ ）	⑩ 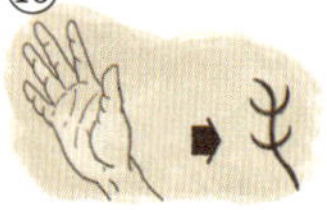	mù 目（ ）	eye（ ）
④ 	rén 人（ ）	tree（ ）	⑪ 	yuè 月（ ）	fire（ ）
⑤ 	guā 瓜（ ）	fish（ ）	⑫ 	shuǐ 水（ ）	hand（ ）
⑥ 	mù 木（ ）	person（ ）	⑬ 	shǒu 手（ ）	goat（ ）
⑦ 	mén 门（ ）	melon（ ）	⑭ 	yáng 羊（ ）	moon（ ）

2. 认识汉字的笔画：钩（亅、乚、乛、㇏）The hook stroke in Chinese characters

jiā　丶丶宀宀宀宁宇宇家家　home

家 家 家

nǐ　丿亻亻亻伫伱你　you

你 你 你

hái　㇇了子孑孑孑孩孩孩　child

孩 孩 孩

xīn　丶心心心　heart

心 心 心

wǒ　丿二于手我我我　I, me

我 我 我

第二部分　课前热身

1. 读读下面的词语。Read the following words aloud.

（1）　星期三　　周末　　现在　　明天　　今天
　　　　xīngqīsān　zhōumò　xiànzài　míngtiān　jīntiān

（2）　八点半　　十二点　　八点　　二十八（分）
　　　　bā diǎn bàn　shí'èr diǎn　bā diǎn　èrshíbā　fēn

（3）　起床　　早饭　　晚饭　　睡觉
　　　　qǐchuáng　zǎofàn　wǎnfàn　shuìjiào

2. 读读下面的句子。Read the following sentences aloud.

（1）今天是九月三十一号，星期一。
　　　Jīntiān shì jiǔ yuè sānshíyī hào, xīngqīyī.

（2）现在差两分八点半。
　　　Xiànzài chà liǎng fēn bā diǎn bàn.

（3）我们八点上课还是八点半上课？
　　　Wǒmen bā diǎn shàngkè háishi bā diǎn bàn shàngkè?

（4）我晚上一般十一点睡，周末两点睡。
　　　Wǒ wǎnshang yìbān shíyī diǎn shuì, zhōumò liǎng diǎn shuì.

第三部分　功能表达范例与训练

功能表达 1

学学说日期、星期

平田：今天几号？
Píngtián: Jīntiān jǐ hào?

杰希：九月三十一号，星期一。
Jiéxī: Jiǔyuè sānshíyī hào, xīngqīyī.

平田：三十一号？九月没有三十一号吧？
Píngtián: Sānshíyī hào? Jiǔyuè méiyǒu sānshíyī hào ba?

杰希：哦，是九月三十号。
Jiéxī: Ò, shì jiǔyuè sānshí hào.

平田：太好了！① 明天是中国的国庆节，不上课。
Píngtián: Tài hǎo le! Míngtiān shì Zhōngguó de Guóqìng Jié, bú shàngkè.

① Great! Wonderful!

[国庆节（Guóqìng Jié, National Day）]

1	今天	jīntiān	名	today	
	天	tiān	量	day	一天
2	号	hào	量	date	十二号；几号
3	月	yuè	名	month	一月；一个月

4	星期	xīngqī	名	week	星期二；一个星期
5	没有	méiyǒu	动	not to have	
6	太	tài	副	too, extremely	太好了
7	明天	míngtiān	名	tomorrow	
8	上课	shàngkè	动	to have lessons	上专业课
	下课	xiàkè	动	to finish lessons	
	课	kè	名	lesson, class	汉语课；有课

一、语言表达聚焦 Focus on expressions

> 汉语日期的表达：年 + 月 + 日
>
> 汉语中，在时间和日期的表达上，遵循先大后小的原则。
>
> In Chinese, the longer duration is always placed before the shorter duration for both times and dates.
>
> 例：March 21st, 2012——二〇一二年三月二十一日
>
> 在口语中，"日"一般说"号"。
>
> In spoken Chinese, "日 (rì)" is expressed as "号 (hào)".
>
> 月份的说法：一月 (January)、二月 (February)……十二月 (December)
>
> 星期的说法：星期一 (Monday)、星期二 (Tuesday)……星期六 (Saturday)、星期日 (Sunday)，或周 (zhōu) 一、周二……周六、周日
>
> 注意：没有"星期七"，Sunday 是"星期日、星期天"或"周日"。
>
> Remember: There is no "星期七" in Chinese. Sunday is expressed as "星期日、星期天" or "周日".

📝 读一读，记一记。Read aloud and study the expressions.

	Last	This	Next	One
年	去年 (qùnián)	今年	明年 (míngnián)	一年
天	昨天 (zuótiān)	今天	明天	一天
月	上 (shàng) 个月	这 (zhè) 个月	下 (xià) 个月	一个月

	Last	This	Next	One
星期 / 周 (zhōu, week)	上（个）星期 上周	这（个）星期 这周	下（个）星期 下周	一个星期 一周
学期 (xuéqī, semester)	上个学期	这个学期	下个学期	一个学期

📝 和你的同学互相问问这些日期并写一写。Ask your classmates the dates and write them down.

例：今天（是几月）几号/星期几？——五月一号/星期五。

今天	昨天	上个星期三	下个星期日

二、说说你和你们国家的重要日子并写下来。Talk about some important days and then write them down.

1. 我的生日 (shēngrì, birthday) 是_____，我是_____（国）人，_____的国庆节是_____。

2. 我_____来到 (láidào, to come to) 中国。

3. 今年的母亲节 (Mǔqīn Jié, Mother's day) 是_____，父亲节 (Fùqīn Jié, Father's day) 是_____。

功能表达 2

学学说时刻；问 a、b 两种情况中的一种（a 还是 b？）

莉莉：早上好。①

马克：早，现在几点？

莉莉：现在八点零二（分）。

马克：我们八点上课还是八点半上课？

莉莉：八点半。

① 早上见面问候，也可说"早/您早"。This expression is used to greet someone in the morning. You can also say "早/您早".

9	早上	zǎoshang	名	morning	早上好
10	现在	xiànzài	名	now	现在几点
11	点	diǎn	量	o'clock	中午十二点
12	零	líng	数	past	八点零五
13	分	fēn	量	minute	八点十分
14	还是	háishi	连	or	早上还是晚上
15	半	bàn	数	half	一点半

一、语言表达聚焦 Focus on expressions

1. 时间表示法 How to tell time

   表示时间的词有：点（diǎn, o'clock）、半（bàn, half hour）、刻（kè, quarter hour）、分（fēn, minute）、零（líng, past）、差（chà, short of）等。

   The following words can be used to talk about time: diǎn (o'clock), bàn (half an hour), kè (quarter), fēn (minute), líng (past), chà (short of).

   （1）点： 2:00——两点　　　　　（2）半： 2:30——两点半

   （3）刻： 5:15——五点一刻　　　　 5:45——五点三刻

   （4）1~9 分钟（fēnzhōng, minute）：8:02——八点零二（分）

   （5）10~59 分钟：7:10——七点十分；5:15——五点十五（分）；2:26——两点二十六（分）；5:45——五点四十五（分）；1:58——一点五十八（分）

   （6）45~59 分钟：5:45——差一刻六点；8:55——差五分九点

   注意："分"和"点"表时点，"分钟"和"小时（xiǎoshí, hour）"表时段。如，8:06 是"八点零六分"，8:00 到 8:06 有"六分钟"，"两点"是 2:00 或 14:00，"两个小时"是 120 分钟。

   Remember: "分" and "点" are used to describe points of time, "分钟" and "小时" are used to describe intervals of time.

📝 和你的同桌互相问问下面的时间。Ask your deskmate what time it is in the following pictures.

2. （是）……还是……

   提出 a、b 两种情况，让对方从中选择回答，一般用于疑问句。也可用于"不知道"后。

   This expression is used to put forward two options for someone to choose from. The structure is generally used in interrogative sentences and can also be used after "I do not know (whether it is a or b)".

   例：（1）马克是美国人还是加拿大人？　（2）我不知道他是美国人还是英国人。

📝 请用"还是"问一问，再写一写。Ask questions with " 还是 " and then write them down.

（1）何大华_____？（学生　老师）

（2）李悦和张天林_____？（同学　同事）

（3）我不知道金莉莉_____。（中国人　韩国人）

（4）你们_____？（上午上课　下午上课）

（5）马克_____？（星期三不上课　星期四不上课）

二、和你的同桌互相问问现在几点。在你们国家呢？然后写一写。Ask your deskmate what time it is in China and in your home country and write them down.

今天是____年____月____日，中国现在是_____，我们国家现在是_____。

功能表达 3

学学说行动、活动的时间；说经常性活动的时间（每天 / 一般 +[钟点]+V）；

说明选择范围不超过 a、b 两项（a 或者 b）

Jiéxī : Nǐ měi tiān jǐ diǎn shuìjiào?
杰希：你 每 天 几 点 睡 觉？

Ālǐ : Wǒ yìbān shíyī diǎn shuì, zhōumò liǎng diǎn shuì.
阿里：我 一 般 十 一 点 睡， 周 末 两 点 睡。

58　　Lesson 3

杰希：两点睡？那你**什么时候起床**？

阿里：中午**或者**下午啊。你呢？

杰希：我**每天六点半起床，七点吃早饭，上午学汉语，下午有时候游泳，有时候跑步，六点半吃晚饭，十点半睡觉。**

16	每天	měi tiān	代	every day	每天上课
	每~	měi		every, each	每个月；每年；每个星期
17	睡觉	shuìjiào	动	to sleep	睡午觉；睡一觉
	睡	shuì	动	to sleep	几点睡
18	一般	yìbān	形	usually	一般八点上课
19	周末	zhōumò	名	weekend	周末不上课
20	起床	qǐchuáng	动	to get up (from bed)	几点起床
	起	qǐ	动	to get up	早起
	床	chuáng	名	bed	大床
21	中午	zhōngwǔ	名	noon	今天中午；昨天中午
22	或者	huòzhě	连	or	今天或者明天
23	下午	xiàwǔ	名	afternoon	下午上课
24	吃	chī	动	to eat	吃饭
25	早饭	zǎofàn	名	breakfast	吃早饭
26	上午	shàngwǔ	名	morning	上午上课
27	汉语	Hànyǔ	名	Chinese (language)	学汉语

第3课

28	有时候	yǒushíhou	名	sometimes	有时候上课；有时候不上课
	时候	shíhou	名	(duration of) time	上课的时候；什么时候
	时	shí			上课时
29	游泳	yóuyǒng	动	to swim	每天游泳
30	跑步	pǎobù	动	to run	有时候跑步
	跑	pǎo	动	to run	
31	晚饭	wǎnfàn	名	dinner	吃晚饭

一、语言表达聚焦 Focus on expressions

1.
   或者

   说明选择范围不超过 a、b 两项，用于陈述句。

   Used in declarative sentences to say you can only choose between "a" and "b".

   例：（1）我们星期一或者星期二下午上课。（2）我一般跑步或者游泳。

   注意："……还是……"用来表示疑问或疑惑。句子形式一般是"……还是……"或者"不知道……还是……"等。

   Remember: "……还是……" is used when asking a question or expressing doubt. The structure used is normally "……还是……" or " 不知道……还是……".

   "……或者……"用来叙述、说明事实，句子形式一般是"……或者……"。

   When " 或者 " is used to narrate something or state a fact, the structure is generally "……或者……".

用"还是"或"或者"填空。Fill in the blanks with " 还是 " or " 或者 ".

（1）你上午上课_____下午上课？

（2）我晚上 (wǎnshang, evening, night) 一般 8:00 _____ 8:30 吃饭。

（3）我不知道他今天走 (zǒu, to leave) _____明天走。

（4）杰希每天下午跑步_____游泳。

2.
> 时候
>
> 表示一段时间或时间里的某个点。常用的格式有"……的时候""有时候……有时候……"。"……的时候"也可以说成"……时"。
>
> "时候" means the duration of time or a point of time. "……的时候" means "(The moment) when…" "有时候" means "sometimes".
>
> 例：（1）吃饭的时候/吃饭时　　（2）30岁的时候/30岁时
>
> 　　（3）我有时候跑步，有时候游泳。

仿照例子完成句子。Complete the sentences according to the example.

例：我们有时候上午上课，有时候下午上课。（上午/下午　上课）

　　我们有时候上课，有时候不上课。（上课/不上课）

（1）我＿＿＿＿＿＿＿＿＿＿＿＿＿。（早上/晚上　学习）

　　我＿＿＿＿＿＿＿＿＿＿＿＿＿。（吃早饭/不吃早饭）

（2）姐姐＿＿＿＿＿＿＿＿＿＿＿。（在中国/在日本　工作）

　　我＿＿＿＿＿＿＿＿＿＿＿＿＿。（在中国工作/不在中国工作）

（3）他们＿＿＿＿＿＿＿＿＿＿＿。（早上 8:30/下午 1:00　上课）

　　他们＿＿＿＿＿＿＿＿＿＿＿。（下午上课/下午不上课）

用"……的时候"写一写。Fill in the blanks with "……的时候".

（1）我＿＿＿＿＿＿＿＿＿＿＿一般不睡觉。（上课）

（2）杰希＿＿＿＿＿＿＿＿＿＿很高兴。（游泳）

（3）莉莉上午＿＿＿＿＿＿＿＿＿一般 7:00 起床。（有课）

（4）父母＿＿＿＿＿＿＿＿＿＿孩子在家学汉语。（工作）

（5）我＿＿＿＿＿＿＿＿＿＿＿我的同屋吃早饭。（吃午饭）

（6）妈妈＿＿＿＿＿＿＿＿＿＿儿子 20 岁。（50 岁）

二、和你的同桌互相问问每天的作息。Ask your deskmate what his/her daily schedule is like.

第四部分　课文

杰希： 李老师早！

李悦： 早。你也在食堂吃早饭？

杰希： 是啊，我常来这儿吃饭。李老师，明天我们上课吗？

李悦： 明天是星期三，上课啊。

杰希： 平田说明天是十月一号国庆节，不上课。

李悦： 哦，对对对，一、二、三、四、五、六、七号都不上课，八号上课。

32	食堂	shítáng	名	canteen	学校食堂
33	常（常）	cháng (cháng)	副	often	常来；常常游泳
34	来	lái	动	to come	来中国
35	说	shuō	动	to say	说汉语；说什么
36	对	duì	形	right	

杰希：哈哈，中国的国庆节也是我的节日啊！

李悦：你的节日？

杰希：是啊，明天是中国的生日，也是我的生日啊。

李悦：哦，是吗？！祝你生日快乐！

杰希：谢谢老师。

李悦：你今天上午上课还是下午上课？

杰希：上午。（看表 Looking at his watch）呀！现在八点一刻了，要迟到了。老师再见。

37	节日	jiérì	名	festival, holiday	中国的节日
38	呀	ya	语气	(indicating surprise) ah; oh	
39	要	yào	副	be going to	要晚了
40	迟到	chídào	动	to be late	

课文综合练习 Comprehensive exercises

根据课文内容回答。Answer the following questions according to the text.

（1）杰希常常在食堂吃早饭吗？

（2）今天是几月几号？星期几？

（3）明天星期几？上课吗？为什么 (wèi shénme, why)？

（4）国庆节的时候几天不上课？

（5）明天是个什么日子 (rìzi, day)？

（6）杰希为什么跟李悦说"呀！"？

（7）杰希几点上课？

第五部分　综合表达训练

1. 读一读，选一选，再用这些问题问问你的同桌。Read the questions, then match them with the appropriate response. Then ask your deskmate the same questions.

A. 上午。	D. 有时候 11:00，有时候 12:00。
B. 星期二。	E. 两点半。
C. 6:30，周末 9:00。	F. 3月7号。

   例：现在几点了？　　　　　　　　　　（ E ）

   （1）你的生日是几月几号？　　　　　（　）

   （2）你上午上课还是下午上课？　　　（　）

   （3）你一般几点起床？　　　　　　　（　）

   （4）今天星期几？　　　　　　　　　（　）

   （5）你每天几点睡觉？　　　　　　　（　）

2. 看图表达：请用"还是"问一问并写一写。Describe the pictures: Ask questions using "还是" and write them down.

医生？护士？　　　　　早饭？晚饭？　　　　　男孩？女孩？

3. 用"还是"或"或者"完成句子。Complete the following sentences using "还是" or "或者".

   （1）A: 你晚上跑步吗？　　B: 我一般_____（上午　下午）跑步，晚上不跑步。

Lesson 3

（2）我不知道教师节 (Jiàoshī Jié, Teachers' Day) 是_____。（9月10号　9月28号）

（3）A: 你一般几点睡？　B: 我_____。（11:00　12:00）

（4）莉莉来自_____？（美国　加拿大）

（5）我下午常常_____。（跑步　游泳）

（6）你_____上课？（上午　下午）

（7）A: 你几点起床？　B: 我_____。（6:00　7:00）

（8）现在11:00了，你吃_____？（早饭　午饭）

4. 介绍一下他们的职业、个人信息和日程。Introduce occupations, personal information, and schedules.

李一

李悦

工作时间：星期一、三、五

8:00 上班 (shàngbān, to start work)

11:30 下班 (xià bān, to finish work)

周末不工作

星期一、五 8:00 上课，9:40 下课；

星期二 8:30 上课，12:10 下课；

星期四 13:00 上课，16:40 下课。

周末不上课

5. 说日程并约会。Talk about scheduling and make an appointment.

活动（1）：根据莉莉的作息表，问问她每天的作息。This is Lili's schedule. Ask her what time she does various activities.

例：A: 莉莉每天几点起床？　　B: 她一般七点起床，周末九点半起来。

A:（每天）几点吃早饭？　　B: 她一般七点半吃饭，周末不吃早饭。

A: 她周末不上课吧？　　B: 不上。

	星期一	星期二	星期三	星期四	星期五	星期六	星期日
起床	7:00	7:00	7:00	7:00	7:00	9:30	9:30
吃早饭	7:30	7:30	7:30	7:30	7:30		
上课	8:30	8:30		8:30			
吃午饭	12:30	12:30	12:30	12:30	12:30	11:00	11:00
上课			1:00		3:00		

	星期一	星期二	星期三	星期四	星期五	星期六	星期日
运动	4:30	4:30	4:30	4:30	4:30	10:30	10:30
吃晚饭	6:00	6:00	6:00	6:00	6:00	9:30	9:30
睡觉	11:00	11:00	11:00	11:00	11:00	2:00	2:00

活动（2）：和莉莉约会，请商量一个两人都合适的时间。Make an appointment with Lili at a time when both of you are free.

有时间　　没(有)时间　　哪天　　星期几　　几点　　周末　　吗　　吧　　也

6. 介绍你一周的日程并写下来。Introduce your schedule for one week and write it down.

请用"我一般……点起床"开头，介绍你一周的生活。Introduce a week of your life beginning with "我一般……点起床".

第六部分　文化读本

想一想：这里的"大"和"小"是"big"和"small"的意思吗？Think: Do "大" and "小" mean "big" and "small" in the text?

大小月

一月大，二月小　　三月大，四月小　　五月大，六月小

七月大，八月大　　九月小，十月大　　十一月小，十二月大

中国的传统节日

春节是中国最重要的传统节日，在每年的农历正月初一。这一天，北方人都要吃饺子。正月十五是元宵节，人们吃元宵，看花灯。

清明节是扫墓的日子，也是春游的日子，在每年的4月4日或5日。农历五月初五是端午节，这一天人们吃粽子，南方还要赛龙舟。

农历八月十五是中秋节，全家团圆，吃月饼，看月亮，所以中秋节也叫"团圆节"。

1	小	xiǎo	small	15	清明节	Qīngmíng Jié	Tomb-sweeping Day
2	春节	Chūnjié	Spring Festival				
3	最	zuì	most	16	扫墓	sǎomù	tomb-sweeping
4	重要	zhòngyào	important	17	春游	chūnyóu	spring outing
5	传统	chuántǒng	traditional	18	端午节	Duānwǔ Jié	Dragon Boat Festival
6	农历	nónglì	the lunar calendar				
7	正月	zhēngyuè	the first month of the lunar year	19	粽子	zòngzi	glutinous rice dumpling
8	初一	chūyī	the first day of a lunar month	20	南方	nánfāng	the south
				21	赛龙舟	sài lóngzhōu	dragon boat race
9	北方人	běifāngrén	northerner				
10	饺子	jiǎozi	dumpling	22	中秋节	Zhōngqiū Jié	Mid-Autumn Festival
11	元宵节	Yuánxiāo Jié	Lantern Festival				
12	元宵	yuánxiāo	sweet rice ball	23	团圆	tuányuán	reunion
13	看	kàn	to look	24	月饼	yuèbing	mooncake
14	花灯	huādēng	festive lantern	25	月亮	yuèliang	the moon

春节

元宵节

清明节

端午节

中秋节

第4课

一共多少钱

基本功能项及内容

	功能项	本课表达	基本结构	举例
1	表数量 Describing amounts	表达钱的数量 Describing amounts of money	数+元+数+角+数+分 数+块+数+毛+数(+分) 数+块+零+数(+毛)	十三元五角二分 十三块五毛二（分） 两块零五
2	询问 Asking questions	问价钱 Asking price - 问单价 Asking about the unit price - 问某种商品价格 Asking the price of a certain item - 问总价 Asking total price	多少钱+一+量? 一+量+多少钱? N+多少钱? 一共+多少钱?	T恤多少钱一件? 西瓜一斤多少钱? 请问饼干多少钱? 这些一共多少钱?
		问需要的数量 Asking how many are needed	S+要+几/多少+量?	您要几支?
		问服装尺码 Asking about clothing size	S+穿多大（号）+的（+N)?	您穿多大号的?
		要求给予肯定或否定 Asking for confirmation or negation	[肯定]+[否定]?	你买不买?/贵不贵?
3	说明 Explanation	物品数量 Numbers of objects	数+量	我买三包。
		单价 Unit price	[价格]+一+量 一+量+[价格]	四块五一包。 一斤两块钱。

第4课

	功能项	本课表达	基本结构	举例
3	说明 Explanation	数量 Total	一共 + 数量 (+N)	一共一百二十六（块）。
4	叙述 Narration	动作的完成 Indicating completion of an action	V+ 了 + NP	花了多少钱?
5	表程度 Describing degree	少量偏离预期程度 Expressing a slight difference in degree from what is expected	有点儿 + Adj / V [心理]	有点儿贵。
		表示高程度 Expressing that something is of a high degree	(S +) 很 / 非常 + Adj	西瓜很便宜。/ 这种笔非常好用。
6	表意愿 Expressing desire	表愿望 Expressing a desire	想 +V	我想买一瓶洗发水。
		要求给予某物品 Asking for a certain item	要 / 来 +NP	我要这件。/ 来半个西瓜。
		要求重复某动作 Asking for the repetition of a certain action	再 +V+ 数量 (+N)	再要一块（橡皮）。
7	表意愿 / 要求 Expressing desire/need	用轻缓语气表意愿或请求 Using a gentle tone to express a desire or request	VV/V 一下	我试试这件T恤。/ 你说一下吧。

第一部分　语音和汉字

一、轻声 Neutral tone

普通话里有的音节读得比原声调轻而短，叫作轻声。轻声没有固定调值，随前面音节声调的高低而变化。

In Mandarin Chinese, some syllables are pronounced both lightly and short. Such a tone is called the neutral tone, which lacks a tone-graph representation when written. The neutral tone varies slightly based on the level of the tone of the syllable that precedes it.

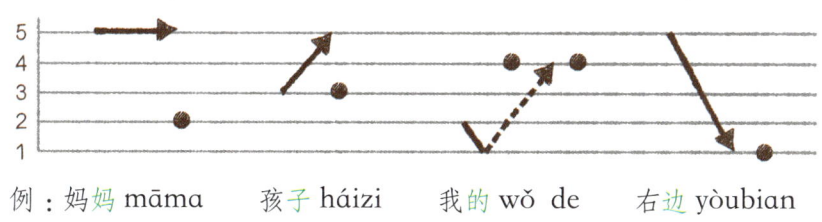

例：妈妈 māma　　孩子 háizi　　我的 wǒ de　　右边 yòubian

看图，读词语。Look at the pictures and read the words.

| shīfu | júzi | háizi | yéye | yǐzi | yǎnjing | dàifu | yèzi |
| 师傅 | 橘子 | 孩子 | 爷爷 | 椅子 | 眼睛 | 大夫 | 叶子 |

读一读。Read aloud.

gēge 哥哥	jiějie 姐姐	dìdi 弟弟	yēzi 椰子	chéngzi 橙子	pútao 葡萄
bízi 鼻子	ěrduo 耳朵	dùzi 肚子	cōngming 聪明	piányi 便宜	piàoliang 漂亮
zhuōzi 桌子	píngzi 瓶子	dìfang 地方	yīfu 衣服	qúnzi 裙子	kùzi 裤子
qiánbian 前边	lǐbian 里边	hòubian 后边	xīngxing 星星	yuèliang 月亮	wǎnshang 晚上
tīngting 听听	xiěxie 写写	kànkan 看看	Nǐ hǎo ma? 你好吗？		Nǐ shì xuésheng ba? 你是学生吧？

第 4 课

读读这首儿歌。Read the nursery rhyme.

爸爸的爸爸叫什么？爸爸的爸爸叫爷爷。

爸爸的妈妈叫什么？爸爸的妈妈叫奶奶。

爸爸的哥哥叫什么？爸爸的哥哥叫伯伯 (bóbo)。

爸爸的弟弟叫什么？爸爸的弟弟叫叔叔 (shūshu)。

爸爸的姐妹叫什么？爸爸的姐妹叫姑姑 (gūgu)。

妈妈的爸爸叫什么？妈妈的爸爸叫姥爷 (lǎoye)。

妈妈的妈妈叫什么？妈妈的妈妈叫姥姥 (lǎolao)。

妈妈的兄弟 (xiōngdì) 叫什么？妈妈的兄弟叫舅舅 (jiùjiu)。

妈妈的姐妹叫什么？ 妈妈的姐妹就叫姨 (yí)。

二、用"画儿"组合出来的的汉字 Chinese characters expressed meanings by picture combination.

试一试，把上边的图片和下边的汉字对应起来。Match the associative characters with their modern versions.

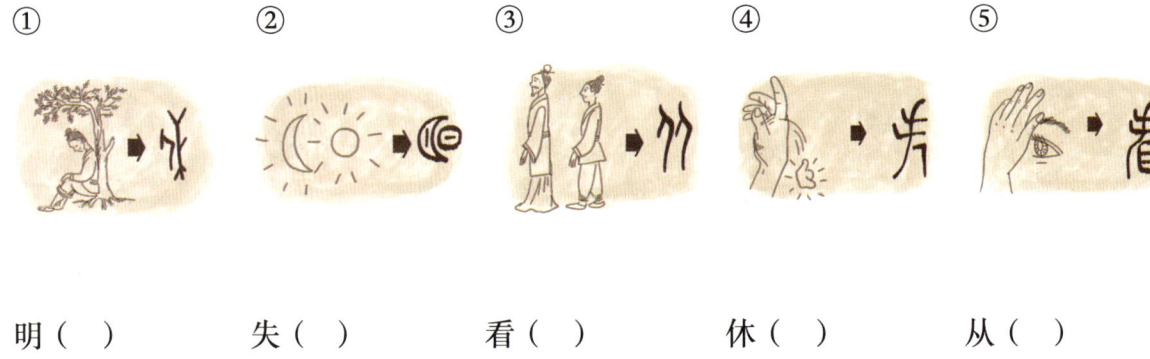

明（ ）　　失（ ）　　看（ ）　　休（ ）　　从（ ）

这些字都是会意字，是把两个或两个以上的单个象形字合到一起，表示合起来的意义。比如："人"靠着"木"是"休"；"手"放在"目"上是"看"。

The above characters are known as "associative compound characters". They join two or more single pictographic characters together to express a combined meaning. For example, "人" leaning against a "木 (tree)" combines to make "休 (rest)", while "手" placed on top of "目 (eye)" forms "看 (look)".

✏️ 想一想，下边的"画儿"是什么意思？ Think about what the "pictures" below mean.

① 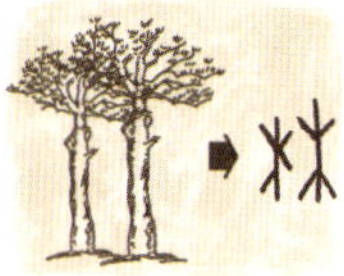 ②  ③  ④  ⑤

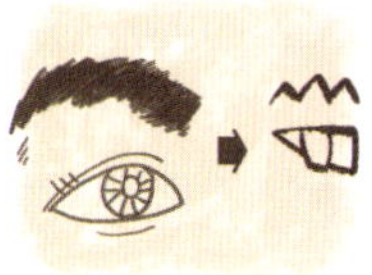

眉（méi, eyebrow）（　） 多（duō, many, much）（　）

分（fēn, to divide）（　） 林（lín, forest）（　） 众（zhòng, crowd）（　）

✏️ 写一写。Write the characters.

míng 丨冂日日明明明明 bright

明 明 明

kàn 一二三チ手看看看看 to look

看 看 看

duō ノクタタ多多 many, much

多 多 多

fēn ノ八分分 to divide

分 分 分

第二部分　课前热身

1. 读读下面的词语。Read the following phrases aloud.

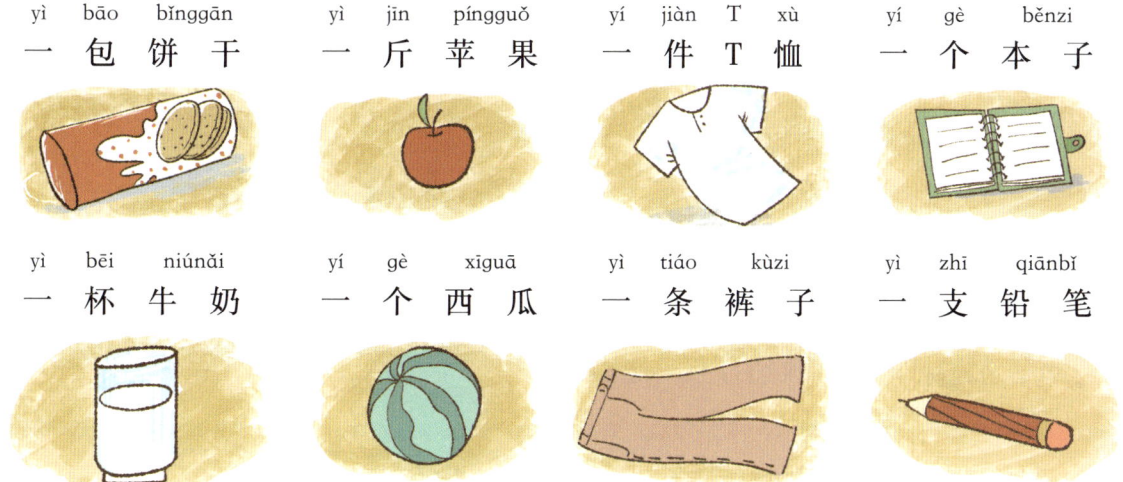

| yì bāo bǐnggān | yì jīn píngguǒ | yí jiàn T xù | yí gè běnzi |
| 一包饼干 | 一斤苹果 | 一件T恤 | 一个本子 |

| yì bēi niúnǎi | yí gè xīguā | yì tiáo kùzi | yì zhī qiānbǐ |
| 一杯牛奶 | 一个西瓜 | 一条裤子 | 一支铅笔 |

第 4 课

2. 读读下面的句子。Read the following sentences aloud.

（1）西瓜（牛奶/铅笔/T恤）多少钱一斤（一杯/一支/一件）？

（2）我买三包饼干，一共多少钱？

（3）两块一斤很便宜，别的地方都是两块五一斤。

（4）还要别的吗？——再来一张一百块的充值卡。

（5）这件T恤有点儿小，我再试试别的吧。

第三部分　功能表达范例与训练

功能表达 1

学学问价钱；说钱数；说商品数量；说总数（一共 + 数量(+N)）

平　田：您好，请问①这个 多少钱？

售货员：哪个？哦，饼干啊，四块五一包。

平　田：我买三包，一共多少钱？

售货员：十三块五。

① 礼貌的询问。"请问" is used to show politeness when asking a question.

Lesson 4

1	请问	qǐngwèn	动	Can you tell me … please?	
	请	qǐng	动	please	请说
	问	wèn	动	to ask	问老师；问时间
2	多少	duōshao	代	how many, how much	多少人；多少个
	多	duō	形	many, much	很多
	少	shǎo	形	few, little, less	很少
3	钱	qián	名	money	有钱；我的钱
4	哪	nǎ	代	which	哪个；哪国；哪年
5	饼干	bǐnggān	名	cookie / biscuit	吃饼干
	饼	bǐng	名	pancake	大饼
6	块	kuài	量	*yuan*	几块；一块钱
7	包	bāo	量	package	一包饼干
8	买	mǎi	动	to buy	买什么
9	一共	yígòng	副	altogether	一共多少钱

一、语言表达聚焦 Focus on expressions

1. 人民币的单位 The units of Renminbi

   人民币的单位是元 (yuán)、角 (jiǎo)、分 (fēn)，口语中一般说块、毛、分。

   The units of Renminbi are 元 (yuán), 角 (jiǎo), 分 (fēn). In colloquial speech they are known as "块 (kuài)" "毛 (máo)" and "分 (fēn)".

2. 读数字或读钱数的方法 How to read numbers and amounts of money

   （1）汉语是用系数、位数相加的方法来读数的。

   Chinese uses a system of single digits combined with multiples of ten to construct numbers.

   例：系数： 2 3 6 9 5
   　　位数： 万 千 百 十 （个）　　读作：两万三千六百九十五

   读数时，个位的位数略掉。

   When reading numbers, the "个" is omitted.

   （2）读钱数时，最小单位是"毛"或"分"时，"毛"和"分"可略掉。

第 4 课　　75

When reading amounts of money where the smallest unit is "毛" or "分", the "毛" or "分" can be omitted.

例：0.52 元 —— 五毛二（分）；612.5 元 —— 六百一十二块五（毛）

（3）千位或百位的钱数后几位是几百或几十时，"百块"和"十块"可省掉。

For monetary amounts where the numbers behind the thousandth or hundredth place are hundreds or tens, then "百块" and "十块" can be omitted.

例：1600 —— 一千六（百块）　610 —— 六百一（十块）

跳过一位或几位数字时要加"零"。

If one or more places are skipped, "零" must be added in its place.

例：208 —— 二百零八（块）　1006 —— 一千零六（块）

千位、万位等的数是以"2"开头时，"2"一般读成"两"。

When the number preceding the thousandth, ten-thousandth, or other such place is a "2", it is usually referred to as "两".

例：2498 —— 两千四百九十八

钱数的读法可参见下表：

Refer to the chart below:

qiān 千	bǎi 百	shí 十	kuài 块	máo 毛	fēn 分	qiánshù 读钱数
2	6	1	2	5	2	两千六百一十二块五毛二（分）
1	0	0	2	5	2	一千零二块五毛二（分）
3	6	0	0			三千六（百块）
	5	1	2	5	2	五百一十二块五毛二（分）
	7	1	2	5		七百一十二块五（毛）
	9	1	0			九百一（十块）
	2	0	2			二百零二（块）
		1	2	5	2	十二块五毛二（分）
			2	0	5	两块零五（分）

📝 **看标签，说钱数。** Look at the tags and then say the numbers.

3. 量词（Ⅱ）Measure words（Ⅱ）

   汉语有时会根据事物的形状和盛东西的器皿来选择量词。

   In Chinese, the measure word for an object is sometimes based on its shape or the container in which it is held.

   例：（1）一<u>片</u>面包、一<u>块儿</u>面包（形状不同 Difference in shape）

   （2）一<u>瓶</u>（píng, bottle）水、一<u>杯</u>（bēi, cup）水、一<u>盒</u>（hé, box）牛奶（niúnǎi, milk）

   （器皿不同 Difference in container）

📝 **看图填空。** Look at the pictures, then fill in the blanks.

（1）_____　（2）_____　（3）_____　（4）_____

4. 一共

   "一共 + 数量（+N）"表示总量。可用于结算商品。

   "一共 + 数量（+N）" is used to express a total amount. It can be used when calculating a total amount of goods or objects.

   十位以上的数，口语中有时可以省掉量词，但是如果只有个位数，一定不能省掉量词。

   When referring to numbers higher than ten in spoken Chinese, the measure word can sometimes be omitted. However, if the number is a single digit, the measure word can never be omitted.

   例：（1）我家<u>一共</u>六口人。　（2）<u>一共</u>126（块）。　（3）<u>一共</u>五块。（*一共五）

第 4 课

用"一共"完成对话。Complete the dialogue using "一共".

（1）马　克：你每星期有多少节（jié, measure word for class）课？
　　　阿　里：_____。

（2）马　克：你们班有多少个学生？
　　　阿　里：_____。

（3）马　克：我要一盒牛奶和一个面包，_____？
　　　售货员：十二块八。

二、交际练习 Communication practice

问问以下商品的价格，请你的同桌答一答。Ask your deskmate about the price of the following goods.

面包 5.5 元

汉堡包（hànbǎobāo, hamburger）8 元

饼干 4.2 元

咖啡（kāfēi, coffee）9 元

功能表达 2

学学说价钱；表少量偏离预期程度（有点儿+Adj）和高程度（很/非常+Adj）

金志英：师傅，西瓜一斤多少钱？
（Jīn Zhìyīng: Shīfu, xīguā yì jīn duōshao qián?）

小　贩：一斤两块钱。
（Xiǎofàn: Yì jīn liǎng kuài qián.）

金志英：有点儿贵。
（Jīn Zhìyīng: Yǒudiǎnr guì.）

小　贩：两块一斤很便宜，别的地方都是两块五一斤。
（Xiǎofàn: Liǎng kuài yì jīn hěn piányi, bié de dìfang dōu shì liǎng kuài wǔ yì jīn.）

金志英：好吧，来半个。
（Jīn Zhìyīng: Hǎo ba, lái bàn gè.）

10	西瓜 瓜	xīguā guā	名 名	watermelon melon	一个西瓜
11	斤	jīn	量	*jin*, a unit of weight, equal to 500g	一斤西瓜
12	有点儿	yǒudiǎnr	副	a bit, somewhat	有点儿大；有点儿多
13	贵	guì	形	expensive	有点儿贵；很贵
14	便宜	piányi	形	cheap	很便宜
15	别的	bié de	代	other	别的同学；别的节日；别的班
16	地方	dìfang	名	place	什么地方
17	来	lái	动	used as a substitute for a more specific verb	来一个西瓜

一、语言表达聚焦 Focus on expressions

1. N+ 多少钱？

   问价钱。询问单价时说"（N+）多少钱 + 一 + 量？"或者"（N+）一 + 量 + 多少钱？"。

   Used when someone asks the price of something. When someone asks the price of an individual unit or item, the pattern "（N+）多少钱 + 一 + 量?" or "（N+）一 + 量 + 多少钱?" is used.

   例：（1）饼干多少钱？　（2）苹果多少钱一斤？/ 一斤多少钱？

这些水果多少钱？ How much does the fruit cost?

例：A: 苹果多少钱一斤？　B: 左边的九块一斤，右边的两块一斤。

苹果 9元/斤 2元/斤　香蕉 3元/斤 14元/斤
(píngguǒ) (xiāngjiāo)

葡萄  3.5元/斤  16元/斤　西瓜 3元/斤 0.8元/斤
(pútao)

2.
有点儿 / 很

表示程度。

Used to express level or degree.

"有点儿"表示少量偏离预期程度，所以一般用于形容不如意的事物。

"有点儿" expresses a slight difference in degree from what is expected, so it is usually used when describing something undesirable.

"很"重读时表示较高程度。

When "很" is accentuated, it expresses a relatively high degree.

例：（1）苹果八块一斤，有点儿贵；西瓜八毛一斤，很便宜。
（2）他有点儿不高兴。  他很不高兴。

请用"有点儿"或"很"写一写。Write using either "有点儿" or "很".

（1）A: 我的这件新衣服 (yīfu, clothes) 360 块。 B: 360 块？_____贵，我买的是 260 块。

（2）莉莉的妈妈今年 42 岁，_____年轻。

（3）朱迪一般 11:30 睡觉，_____晚，金志英 12:50 睡觉，_____晚 (wǎn, late)。

（4）阿里一般 8:00 起床，他觉得 (juéde, to think) 8:30 上课_____早 (zǎo, early)。

（5）马克的中国朋友_____多，卢卡有两个中国朋友，_____少。

二、交际练习 Communication practice

上图是你同学的水果摊，你要去那里买一些苹果、香蕉和西瓜。The picture above depicts your classmate's fruit stand. You would like to buy some apples, bananas, and watermelons. Talk with him/her according to the scene.

功能表达 3

学学要求给予肯定或否定（[肯定]+[否定]？）；问数量；

要求重复某动作（再+V+数量（+N））；叙述动作的完成（V+了+NP）

阿里：请问，有没有本子？

售货员：有，你要几个？

阿里：我要十个。有铅笔吗？

售货员：有，要几支？

阿里：也要十支。对了①，再要一块儿橡皮吧。

售货员：还要别的②吗？

阿里：再来一张一百块的充值卡。

售货员：一共一百二十六。

（阿里回到宿舍。Ali comes back to his dorm.）

马克：阿里，你的充值卡花了多少钱？

阿里：一百块。

① 引出想起的另一件相关的事。"对了" is used by a speaker to express that he or she has thought of something related to what was just said.

② "别的"指别的东西。"~+的"可以指所说的那个事物。"别的" is used to refer to other things. "~+的" can be used to refer to a thing or object, making it the equivalent of a noun.

第 4 课　　81

18	本子 本	běnzi běn	名 量	notebook measure word for book, notebook, etc.	一个本子 一本书
19	要	yào	动	to need	要什么；要多少
20	铅笔 笔	qiānbǐ bǐ	名 名	pencil tool for writing and drawing	买铅笔 一支笔
21	支	zhī	量	measure word for pens, pencils, etc.	一支铅笔
22	写	xiě	动	to write	写字
23	再	zài	副	again(in the future), once more	再买一个；再说
24	块	kuài	量	measure word for a slice or chunk of something	一块饼干
25	橡皮	xiàngpí	名	eraser	一块橡皮
26	还	hái	副	also, still	还有；还要；还买
27	张	zhāng	量	measure word for paper	一张充值卡；一张纸
28	充值卡 卡	chōngzhíkǎ kǎ	名 名	rechargeable card card	什么卡
29	花	huā	动	to spend	花钱；花时间
30	了	le	助		

一、语言表达聚焦 Focus on expressions

1. 量词（Ⅲ）Measure words (Ⅲ)

   很多名词都有专用量词，"张"用于有平面的东西；"本"用于装订成册的东西；"支"用于细长杆状的东西；"个"用于没有典型形状的东西。

   Many nouns have specialized measure words. "张" is used for flat objects. "本" is used for objects with a binding such as books. "支" is used for slender, rod-shaped objects. "个" is used for objects that do not have a set shape.

2. 了

叙述动作的完成。

Used to indicate a completed action.

例：(1) 你花了多少钱？　(2) 你买了几本书？

"了"表示动作已做完，是现在以前花或买的。

"了" means the action has already been completed, and payment has already been given.

📝 下面这些东西你有没有？有多少？花了多少钱？ Do you own any of the objects below? How many? How much did you pay for them?

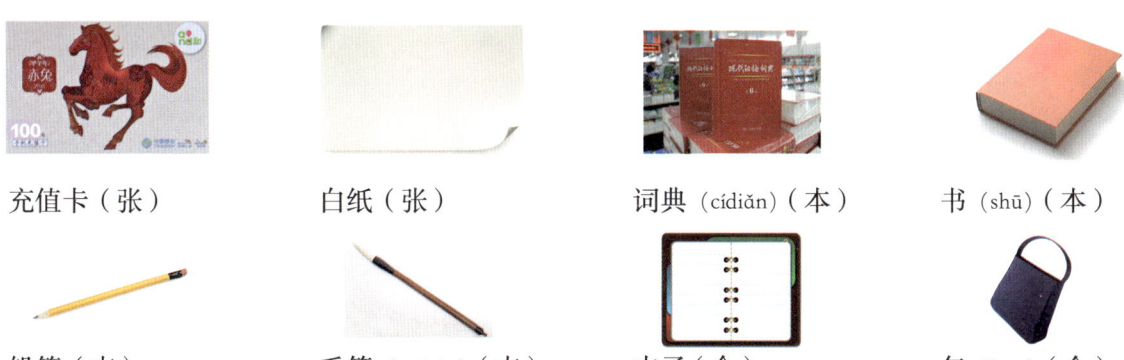

充值卡（张）　　白纸（张）　　词典 (cídiǎn)（本）　　书 (shū)（本）

铅笔（支）　　毛笔 (máobǐ)（支）　　本子（个）　　包 (bāo)（个）

3. 再

本课表示要求或想要重复动作。

In this lesson, "再" is used to express a request or desire for the repetition of an action.

例：(1) 你再来一斤苹果吧。　(2) 我再买一个本子。

　　*他再吃了一个苹果。(不是要求或想要。This is not a request or desire.)

📝 用"再"说一说。Say the following using "再".

(1)　　　(2)　　　(3)　　　(4)

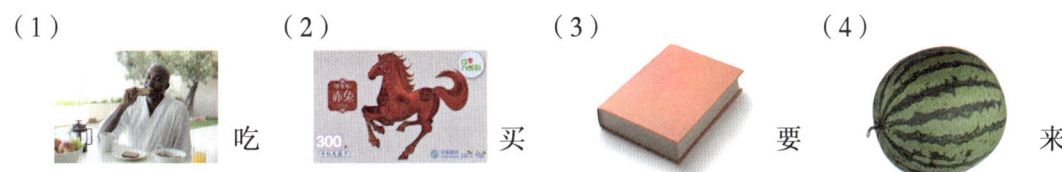

吃　　　买　　　要　　　来

第 4 课　　83

4. [肯定]+[否定]?

用肯定和否定并列形式表示疑问，要求对方做出肯定或否定的回答。双音节的词一般在肯定形式中只保留前一音节。

The side-by-side contrast of confirmation and negation is used when someone asks a question. The object of the question is asked to reply with either a confirmation or negation. For a two-syllable word, after the whole word is repeated, usually only the first syllable is kept in the confirmation part.

例：（1）你想不想买东西？　（2）西瓜贵不贵？
　　（3）这里有没有铅笔？　（4）你今天高不高兴？

请用"[肯定]+[否定]？"写一写。 Write using the "[肯定]+[否定]?" pattern.

（1）_____西瓜？（要）

（2）西瓜两块一斤_____？（贵）

（3）你_____马克？（认识）

（4）你_____哥哥？（有）

（5）星期六_____课？（上）

（6）明天你_____学校？（去 (qù, to go)）

二、交际练习 Communication practice

去你同学的商店（上图）买一些文具并结算。Visit your classmate's store (see picture above). Purchase some stationery and check out.

功能表达 4

学说服装尺码；表愿望（想+V）；用轻缓语气表意愿或请求（VV/V 一下）

莉莉：我想试试这件蓝色的T恤。

售货员：您穿多大号的？

莉莉：我一般穿M号的。

售货员：你试试这件吧。试衣间在那边。

（莉莉从试衣间出来。Lili comes out of the fitting room.）

莉莉：颜色有点儿深。

售货员：那你再试试这件浅黄色的。

莉莉：不好意思，我不喜欢黄色，我再看看别的吧。

31	试	shì	动	to try	
32	件	jiàn	量	measure word for clothing, etc.	
33	蓝色	lánsè	名	blue	蓝色的笔
34	T恤	T xù	名	T-shirt	一件T恤
35	穿	chuān	动	to wear	穿衣服
36	号	hào	名	size	大号；中号；小号
37	试衣间	shìyījiān	名	fitting room, changing room	试衣服

38	那边	nàbian	代	there	在那边
39	颜色	yánsè	名	color	什么颜色；哪种颜色
40	深	shēn	形	dark	深色
41	浅黄色	qiǎnhuángsè	名	light yellow	浅色黄色的衣服
	浅	qiǎn	形	light	浅色
42	不好意思	bù hǎoyìsi		sorry, excuse me	有点儿不好意思
43	喜欢	xǐhuan	动	to like	喜欢孩子；喜欢游泳
44	黄色	huángsè	名	yellow	黄色的衣服
45	看	kàn	动	to look at	看什么

一、语言表达聚焦 Focus on expressions

1. 想 +V

   表示心愿、想法而不一定要做，否定式是"不想 +V"。表示程度高说"很 / 非常 + 想 +V"。

   Expresses a wish, desire, or thought, but not one that will necessarily be realized. The negative form is "不想 +V". To express a high degress, "很 / 非常 + 想 +V" is used.

   例：莉莉很想买一件旗袍（qípáo, cheongsam, a kind of traditional dress in China）。

   用"（不）想 +V"写一写。Write using the "（不）想 +V" pattern.

   （1）马克有点儿饿（è, hungry），_____。

   （2）金志英没有词典，_____。

   （3）卢卡不认识金志英，_____。

   （4）昨天晚上阿里 2:00 睡觉，现在是早上 7:00，_____。

2. V V / V 一下

   有些动词可重叠，重叠后语气比较轻松。在表请求、建议时可缓和语气，使语气比较委婉。"V 一下"也有近似的用法。

   Some verbs can be reduplicated. Verbal reduplication indicates an informal, casual tone of voice. When verb reduplication is used in a request or suggestion, it also makes the manner of speaking more relaxed and polite.

例：（1）我试试这双鞋吧。（2）你说一下吧。

用"V V / V 一下"写一写。Write using the "V V/ V 一下" pattern.

（1）莉莉想看马克的书，她说："_____。"

（2）你想试一件衣服，你说："_____。"

（3）衣服有点儿小，你想试别的，你说："_____。"

（4）你不知道图书馆(túshūguǎn, library)在哪儿，你的朋友说："_____。"

二、交际练习 Communication practice

你是顾客，想去你同学的商店里买穿戴的物品。You are a customer. You would like to pay a visit to your classmate's shop to try on and purchase some items.

例：A: 我想试试这顶黄色的帽子。

B: 给您。

A: 颜色有点儿浅，有深色的吗？

B: 还有红色的、黑色的、蓝色的。

A: 我再试一下这顶蓝色的吧。

穿	戴 (dài, to wear)
件：上衣 (shàngyī, coat)、衬衫 (chènshān, shirt)、T恤、毛衣 (máoyī, sweater) 条 (tiáo)：裤子 (kùzi, pants)、裙子 (qúnzi, skirt) 双 (shuāng)：鞋 (xié, shoes)、袜子 (wàzi, socks)	副 (fù)：手套 (shǒutào, gloves) 条：围巾 (wéijīn, scarf) 顶 (dǐng)：帽子 (màozi, hat)

想　　还　　再　　一般　　试试　　给您　　多少钱（一件/条/双……）

多大号　　还是　　穿　　戴　　什么颜色　　红/黄/绿/蓝/黑/白色

有点儿　　深　　浅　　试衣间

黑色 (hēisè)　　白色 (báisè)　　红色 (hóngsè)　　黄色　　蓝色　　绿色 (lǜsè)

第四部分　课文

（莉莉和朱迪逛超市。Lili and Zhudi visit the supermarket.）

莉莉：我想买两支这种笔，你买吗？

朱迪：我看看，二十七块五一支，有点儿贵啊。好不好用？

莉莉：非常好用。

朱迪：那我也买两支吧。

莉莉：好的。你还想买别的吗？

朱迪：我看看，笔、卫生纸、帽子，哦，我还想买一箱酸奶。

46	这	zhè	代	this	
47	好用	hǎoyòng	形	easy to use	很好用；好用的笔
48	非常	fēicháng	副	extremely	非常好；非常贵
49	卫生纸	wèishēngzhǐ	名	toilet paper	
	纸	zhǐ	名	paper	一张纸
50	帽子	màozi	名	hat, cap	一顶帽子
51	箱	xiāng	量	box	一箱酸奶；一箱苹果
52	酸奶	suānnǎi	名	yogurt	一瓶酸奶；一盒酸奶
	酸	suān	形	sour	很酸
	奶	nǎi	名	milk	牛奶；羊奶

（在收银台 At the checkout counter）

售货员（Shòuhuòyuán）：卫生纸二十八（Wèishēngzhǐ èrshíbā），笔五十五（bǐ wǔshíwǔ），酸奶三十五（suānnǎi sānshíwǔ），帽子三十八（màozi sānshíbā），一共一百五十六（yígòng yìbǎi wǔshíliù）。

朱迪（Zhūdí）：我没有零钱，给您一百六（Wǒ méiyǒu língqián, gěi nín yìbǎiliù）。

售货员（Shòuhuòyuán）：好的，收您一百六，找您四块（Hǎo de, shōu nín yìbǎiliù, zhǎo nín sì kuài）。这是您的小票（Zhè shì nín de xiǎopiào）。

莉莉（Lìli）：这些都是我的东西（Zhèxiē dōu shì wǒ de dōngxi）。

售货员（Shòuhuòyuán）：两支笔五十五，一个本子五块（Liǎng zhī bǐ wǔshíwǔ, yí gè běnzi wǔ kuài）

53	零钱	língqián	名	change	有零钱；没零钱
54	给	gěi	动	to give	给您；给钱
55	收	shōu	动	to receive, to accept	收钱；收您一百
56	找	zhǎo	动	to give change	找钱；找您三块二
57	小票	xiǎopiào	名	receipt	一张小票
	票	piào	名	ticket	车票；买票
58	这些	zhèxiē	代	these	一些；那些
	些	xiē	量	some, a few, a little	
59	东西	dōngxi	名	stuff, thing	很多东西；送东西；买东西

第4课

六，一个面包六块，一双袜子二十，一共八十六块六。

（走出超市 Walking out of the supermarket）

朱迪：我今天一共花了一百五十六，你呢？

莉莉：我看一下小票……一共花了八十六块六。

| 60 | 面包 | miànbāo | 名 | bread | 一个/一片面包；吃面包 |
| 61 | 袜子 | wàzi | 名 | socks | 一双袜子 |

课文综合练习 Comprehensive exercises

1. 根据课文内容填信息并提问。Fill in the information and ask questions according to the text.

   例：一支笔多少钱？

	笔	酸奶	卫生纸	面包	本子	帽子	袜子	一共
莉莉	2支；55元							
朱迪								

2. 根据课文内容回答。Answer the questions according to the text.

   （1）莉莉想买的那种笔好不好用？

   （2）朱迪还想买别的吗？她还想买什么？

（3）莉莉买的面包花了多少钱？朱迪买的帽子呢？

（4）朱迪给了售货员多少钱？为什么？

（5）售货员找给朱迪多少钱？

3. 根据课文内容，用"一共"回答问题。Use "一共" to answer the questions according to the text.

（1）莉莉买了几种东西？朱迪呢？莉莉和朱迪一共买了几种东西？

（2）朱迪买东西花了多少钱？莉莉呢？朱迪和莉莉一共花了多少钱？

第五部分　综合表达训练

1. 选词填空，再大声读一读。Use the words below to fill in the blanks, then read the passage aloud.

   件　　条　　双　　顶　　个

   莉莉有八（　）T恤，十二（　）裙子，十（　）裤子，六（　）包，五（　）帽子，十（　）鞋……昨天她又买了一（　）帽子和一（　）裙子。莉莉说：女人一般都少一（　）衣服。

2. 选一选，写一写。Choose and write.

   有点儿　　很/非常

   （1）金志英说这种词典_____贵，但是 (dànshì, but) _____好用。

   （2）朱迪想买一双鞋，37号的_____小，39号的_____大，38号的_____合适 (héshì, suitable)。

   （3）朱迪的妈妈_____年轻，我们都以为 (yǐwéi, to think) 她是朱迪的姐姐。

   （4）我_____喜欢吃面条儿，每个星期都吃，我的朋友_____喜欢吃面条儿，每天都吃。

   （5）这件T恤颜色_____深，那件黄色的_____浅，我试试绿色的吧。

3. 读一读，说一说。Read and speak.

   两人一组，一个人拿着商品表，另一个人拿着价格表，两人对每种商品的价格展开问答并完成一些商品的买卖。Form groups of two. Give one person the list of products, and the other the list of prices. The first person should ask how much each product is while the second person provides the answers, then the first person choose some products to purchase.

商品	数量
苹果	3 斤
西瓜	半个
T 恤	2 件
帽子	1 顶
饼干	4 包
铅笔	6 支
本子	3 个
牛奶	5 盒
面包	2 个

商品	单价
苹果	5 元/斤
西瓜	2 元/斤
T 恤	75 元/件
帽子	68 元/顶
饼干	5.5 元/包
铅笔	1.5 元/支
本子	16 元/本
牛奶	4.5 元/盒
面包	9 元/个

4. **根据提示完成任务**。Complete the tasks based on the hints given.

   有点儿　　很　　非常　　想　　还

   任务（1）：列出你最近想买的东西及其数量，然后去两家超市问问它们的价钱，再写下来。用"我想买……；价钱 (jiàqián, price) 一般是……"来写。Make a list of some things you have wanted to buy recently, including the quantity of each item. Visit two stores and ask the prices of the items, then write them down using the pattern "我想买……；价钱一般是……".

   任务（2）：问问你的同桌或朋友最近买了什么，花了多少钱，他/她觉得贵还是便宜，好不好。再写下来。Ask your deskmate or friend about a recent purchase. How much did he/she spend? Did he/she think it was expensive or cheap? Was it a good or bad purchase? Write his/her answers down.

第六部分　文化读本

看朋友带什么东西好

去朋友家一般都要带点儿东西，人们大多喜欢带香蕉、苹果、橘子等水果。因为香蕉很好吃，也不贵，苹果有"平安"的意思，橘子有"吉利"的意思。带梨就不好，因为"梨"有"离"的音，不吉利。带应季的水果也不错，夏天带一个西瓜去朋友家，大家一起吃，很开心。

1	去	qù	to go
2	带	dài	to take
3	大多	dàduō	mostly
4	香蕉	xiāngjiāo	banana
5	橘子	júzi	tangerine
6	等	děng	and so on
7	水果	shuǐguǒ	fruit
8	因为	yīnwèi	because
9	好吃	hǎochī	tasty, delicious
10	平安	píng'ān	safe and sound
11	意思	yìsi	meaning
12	吉利	jílì	lucky, auspicious
13	梨	lí	pear
14	离	lí	to leave, to be away from
15	音	yīn	pronunciation
16	应季	yìngjì	in season
17	不错	búcuò	not bad
18	夏天	xiàtiān	summer, summertime
19	开心	kāixīn	happy, joyful

说一说：这个周末你要去中国朋友家。你想带什么东西？为什么？ Speak: This weekend you are going to visit one Chinese friend. What will you bring and why?

第5课
你去哪儿干什么

基本功能项及内容

	功能项	本课表达	基本结构	举例
1	叙述 Narration	正在进行的事情 Describing an action in progress	（正）在+V（+N）	马克正在洗澡。
		将来的计划 Describing future plans	打算（+[将来时间]）+V（+N）	我们打算明天去文化街。
		变化或新情况已发生 Describing a change or development that has occurred	……了	我去看桃花了。
		动作完成的数量或动作所及事物的数量 Describing the number of times an action has been completed or what has been obtained from an action	（[过去时间]+）V+了+数量+N	周末去了一趟商店。 我买了两件衣服。
		事件或状态已存在或成为事实 Describing a circumstance or state that already exists or has already become true	已经+V（+N）+了	桃花已经开了。
		到某处及其目的 Describing movement to a certain place and the reason for doing so	来/去(+[地方])+V（+N）	我去桃花园看桃花了。 他来中国旅游。
2	否定 Negation	否定动作的发生 Negating that an action has occurred	没+V（+N）	我没买衣服。
3	表动量 Describing frequency of actions	动作或活动的数量 Describing the number of times an action or activity has occurred	V（+了）+数+次/遍/趟（+N）	我给他打了两次电话。 你打一遍太极拳吧。 我星期六去了趟北京。

第一部分　语音和汉字

一、儿化 Retroflexion with "-r"

> er 是汉语中的一个卷舌韵母，自成音节，不与声母相拼。虽用两个字母表示，但只是一个元音。
>
> "er" is a retroflexed (rolled tongue) final in Chinese. It is an independent syllable without an initial. Although it is written with two letters, it is pronounced as a single vowel.
>
> 例：儿 ér　耳 ěr　二 èr
>
> 当 er 写作 r，附在别的韵母后时，即形成"儿化韵"。此时 r 不是独立的音节，其作用是使这个音节带上卷舌音色，可表示喜爱、随意等感情色彩，或起到改变词义、词性等语法作用。汉字可以写作"儿"。
>
> When the "er" sound is written as "r" and attached to the end of a final, it is known as a "retroflexed final". Here, the "r" sound is not an independent syllable. Rather, it is combined with a separate syllable to give it the r-like sound that occurs when one's tongue is curled. It is often used to add feelings such as warmth or casualness to a word, and can even change the meaning or part of speech of a word. In written Chinese, it can be represented by the character "儿".
>
> 例：小孩儿 xiǎoháir　　哪儿 nǎr　　没空儿 méikòngr　　画儿 huàr

读一读。Read aloud.

今儿 jīnr	明儿 míngr	这儿 zhèr	那儿 nàr
事儿 shìr	玩儿 wánr	中间儿 zhōngjiānr	里边儿 lǐbianr
有点儿 yǒudiǎnr	一点儿 yìdiǎnr	小孩儿 xiǎoháir	口味儿 kǒuwèir
一块儿 yíkuàir	一会儿 yíhuìr	饭馆儿 fànguǎnr	照片儿 zhàopiānr

二、语音练习 Pronunciation practice

1. 读一读。Read aloud.

Xiǎolánr　　xiǎo fànwǎnr
小 兰 儿　　小 饭 碗 儿

Yǒu gè xiǎoháir jiào Xiǎolánr, mǎile yí gè xiǎo fànwǎnr.
有 个 小 孩 儿 叫 小 兰 儿，买 了 一 个 小 饭 碗 儿。

Xiǎo fànwǎnr, zhēn hǎowánr, hóng huār lù yèr xiāng jīn biānr,
小 饭 碗 儿，真 好 玩 儿，红 花 儿 绿 叶 儿 镶 金 边 儿，

zhōngjiānr hái yǒu gè xiǎo hóng diǎnr.
中 间 儿 还 有 个 小 红 点 儿。

2. 读一读，认一认。Read and identify.

duō tīng 多 听	duō shuō 多 说	dōu tīng 都 听	dōu dú 都 读
duō xiě 多 写	duō liàn 多 练	dōu xiě 都 写	dōu kàn 都 看
hái shuō 还 说	hái dú 还 读	yě tīng 也 听	yě dú 也 读
hái xiě 还 写	hái niàn 还 念	yě xiě 也 写	yě liàn 也 练
zài shuō 再 说	zài dú 再 读	tīng de 听 的	dú de 读 的
zài xiě 再 写	zài liàn 再 练	xiě de 写 的	liàn de 练 的

三、汉字 Chinese characters

1. 认一认，写一写。Identify and write.

朋（朋友）—明（明天）　　票（小票）—要（不要）　　贵（很贵）—员（职员）

周（周末）—同（同学）　　钱（有钱）—浅（深浅）　　庆（国庆）—床（起床）

轻（年轻）—经（经济）　　公（公园）—么（什么）　　这（这个）—还（还有）

朋	明	票	要	贵	员
周	同	钱	浅	庆	床
轻	经	公	么	这	还

2. 汉字的结构 Structure of Chinese characters

> 汉字有独体字 (independent characters) 和合体字 (combined characters) 两种。独体字不能拆分，如"八、女、三"等。合体字有三种基本结构：
>
> Chinese characters consist of two major varieties: independent characters and combined characters. Independent characters are those whose components cannot be broken down, such as "八""女" or "三". Combined characters consist of three basic structures:
>
> （1）上下结构 (top-bottom structure)：爸、早、多、家、笔、贵
>
> （2）左右结构 (left-right structure)：好、朋、语、位、睡、都
>
> （3）包围结构 (encircling structure)：国、同、起、床、这、庭

✎ 写一写。Write the characters.

wàng 亠 忄 忘 to forget

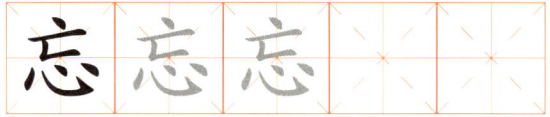

suàn ⺮ 笪 算 to count

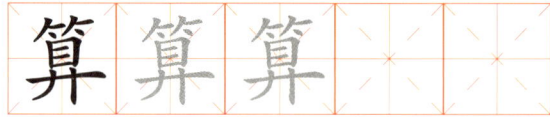

táo 木 桃 peach

yóu 氵 汸 游 to swim

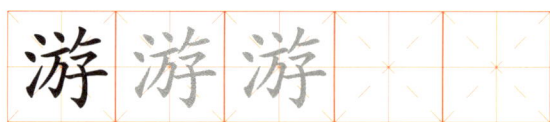

biàn 辶 遍 number of time

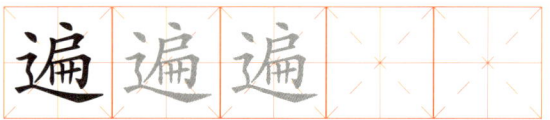

yuán 冂 园 园 garden

第二部分　课前热身

1. 读读下面的词语。Read the following words aloud.

shāngdiàn	jīchǎng	Shípǐnjiē①	xiàngsheng
商　店	机　场	食　品　街	相　声

fàndiàn	Táohuāyuán②	Wénhuàjiē③	tàijíquán
饭　店	桃　花　园	文　化　街	太　极　拳

2. 读读下面的句子。Read the following sentences aloud.

（1）Xià gè xīngqīliù, Lìli dǎsuàn hé tóngxuémen qù fàndiàn chī fàn.
下个星期六莉莉打算和同学们去饭店吃饭。

（2）Píngtián zhōumò qù Táohuāyuán kàn táohuā le.
平田周末去桃花园看桃花了。

（3）Mǎkè zuótiān xiàwǔ méi dǎ qiú, tā hé Ālǐ dǎ tàijíquán le.
马克昨天下午没打球，他和阿里打太极拳了。

（4）Jiéxī qùle yí tàng shāngdiàn.
杰希去了一趟商店。

①②③ 这三处都是天津市的景点。They are scenic spots in Tianjin.

第三部分　功能表达范例与训练

功能表达 1

学学叙述正在进行的事情（(正)在+V(+N)）和将来的计划（打算(+[将来时间])+V(+N)）；叙述到某处及其目的（来/去(+[地方])+V(+N)）

马克： 喂，是杰希吗？
Mǎkè： Wèi, shì Jiéxī ma?

杰希： 是我。
Jiéxī： Shì wǒ.

马克： 不好意思，刚才你给我打电话的时候，我正在洗澡。什么事啊？
Mǎkè： Bù hǎoyìsi, gāngcái nǐ gěi wǒ dǎ diànhuà de shíhou, wǒ zhèngzài xǐzǎo. Shénme shì a?

杰希： 下周六是莉莉的生日，我们打算去饭店吃饭，你去吗？
Jiéxī： Xià zhōuliù shì Lìli de shēngrì, wǒmen dǎsuàn qù fàndiàn chī fàn, nǐ qù ma?

马克： 当然去。
Mǎkè： Dāngrán qù.

1	喂	wèi	叹	hi, hello	
2	刚才	gāngcái	名	a moment ago	
3	给	gěi	介	to, for	给朋友打电话
4	打	dǎ	动	to make a phone call	打电话
5	电话 电	diànhuà diàn	名 名	telephone electricity	打一个电话；没打电话 电视（television）
6	正在	zhèngzài	副	indicates an action in progress	正在吃饭

7	洗澡	xǐzǎo	动	to take a bath or shower	洗澡的时候；洗个澡
	洗	xǐ	动	to wash	洗衣服
8	事	shì	名	thing, matter, affair	什么事；有事；大事
9	下	xià	名	next	下周；下个星期六
10	打算	dǎsuàn	动	to plan, to intend	打算去买东西
11	去	qù	动	to go	去饭店；去哪儿
12	饭店	fàndiàn	名	restaurant, hotel	大饭店；一家饭店
13	当然	dāngrán	副	of course	当然买

一、语言表达聚焦 Focus on expressions

1. 来 / 去（+ 地点）+V（+N）

   表示到某处及其目的。

   Describes movement to a certain place and the reason for doing so.

   例：(1) 金志英来中国学汉语。　(2) 我去（超市）买东西。

用"来 / 去（+ 地点）+V（+N）"说一说。Create several sentences using the "来 / 去（+ 地点）+V（+N）" pattern.

书店 (shūdiàn)　超市 (chāoshì)　食堂　图书馆 (túshūguǎn)　银行 (yínháng)　学校
看、买　　　　买　　　　　吃　　借 (jiè, to lend)、看　取 (qǔ, to draw out) 钱　上课

2. S+（正）在 +V(+N)

   表示动作的进行。

   Describes an action in progress.

   例：(1) 昨天晚上十点我正在写作业。　(2) 不好意思，我刚才在上课。

第 5 课

看图表达：他们正在干什么？ Describe the pictures: What is everyone doing?

唱歌（chànggē, to sing）　　骑自行车（qí zìxíngchē, to ride a bike）　　看电视（diànshì, televison）

跳舞（tiàowǔ, to dance）　　洗衣服　　上网（shàngwǎng, to go on line）

看图填空。Look at the pictures, then fill in the blanks.

（1）　　（2）　　（3）

（1）孩子吃饭的时候，妈妈_____。

（2）经理_____，他_____。

（3）她_____的时候，她的朋友_____。

二、交际练习 Communication practice

问问你的同桌：下面的时间打算去哪儿？去干什么？ Ask your deskmate where he/she plans to go at the following times. What will he/she do there?

明天　　周末　　下个学期（xuéqī, term）　　明年（míngnián, the next year）

Lesson 5

功能表达 2

学学叙述变化或新情况已发生（……了）；否定动作的发生（没 +V(+N)）；叙述事件或状态已存在或成为事实（已经 +V(+N)+ 了）

马克：你放假的时候干什么了？
Mǎkè: Nǐ fàngjià de shíhou gàn shénme le?

平田：我去桃花园看桃花了。
Píngtián: Wǒ qù Táohuāyuán kàn táohuā le.

马克：（笑着说 Saying with a smile）看花？那是女孩子们的事吧？
Mǎkè: Kàn huā? Nà shì nǚháizimen de shì ba?

平田：（脸红了 Embarassed）不是吧……
Píngtián: Bú shì ba…

马克：我跟你开玩笑。桃花已经开了？
Mǎkè: Wǒ gēn nǐ kāi wánxiào. Táohuā yǐjīng kāi le?

平田：开了，非常漂亮。对了，你去哪儿玩了？
Píngtián: Kāi le, fēicháng piàoliang. Duì le, nǐ qù nǎr wán le?

马克：我没去哪儿玩，我在宿舍看电影了！
Mǎkè: Wǒ méi qù nǎr wán, wǒ zài sùshè kàn diànyǐng le!

[桃花园（Táohuāyuán, Peach Blossom Garden）]

14	放假	fàngjià	动	to take a vacation	放一周假
15	干	gàn	动	to do	干什么
16	桃花	táohuā	名	peach blossom	
	花	huā	名	flower	红花；黄色的花；玫瑰花
17	跟	gēn	介	with	跟老师说；跟朋友玩
18	开玩笑	kāi wánxiào		to make a joke	开一个玩笑；跟你开玩笑

19	已经	yǐjīng	副	already	已经上课了
20	开	kāi	动	to open out; to blossom	开花
21	漂亮	piàoliang	形	beautiful	漂亮的衣服；很漂亮
22	没	méi	动	to not have	没去；没见到他
23	宿舍	sùshè	名	dormitory	学生宿舍
24	电影	diànyǐng	名	film	中国电影；看电影

一、语言表达聚焦 Focus on expressions

1. ……了

   句尾的"了"叙述变化已发生或新情况已出现，结束一个句子。

   The word "了" at the end of a sentence is used to indicate that a change has occurred or that a new situation has arisen. It concludes a sentence.

   例：(1) 桃花开了。　(2) 水果贵了。　(3) 天气 (tiānqì, weather) 好了。

用"……了"说一说。Create some sentences using the "……了" pattern.

昨天 80 元 / 件　　上周 4 元 / 斤　　一般 8:00 起床
今天 100 元 /2 件　这周 6 元 / 斤　　今天 7:00 起床

2. 已经 +V（+N）+ 了

   一般表示事件或状态已存在或成为事实。

   This pattern is normally used to express that a circumstance or state already exists or has already come true.

   例：(1) A: 我们去饭店吃饭吧。　B: 我已经吃了。

   　　(2) A: 小朋友，你3岁了吧？　B: 我已经4岁了。

📝 用"已经+V（+N）+了"填空并读一读。Use the "已经+V（+N）+了" pattern to fill in the blanks, then read the statements aloud.

（1）A: 您好！马克在吗？　　　B: _____。（睡觉）
（2）A: 要迟到了吧？　　　　　B: 现在 9:00 了，_____。（迟到）
（3）A: 您今年 60 岁了吧？　　 B: _____。（73 岁）
（4）A: 你是中学生吧？　　　　B: _____。（大学生）
（5）A: 张天林没有孩子吧？　　B: _____。（6 岁）
（6）A: 你们什么时候放假？　　B: _____。（放假）

3. 没 / 不

"没"一般否定过去发生的事情，"不"否定习惯、经常和将来发生的事情，也否定性质、意愿。

" 没 " is normally used when negating something that has happened in the past, while " 不 " is used to negate something that occurs routinely, frequently, or that may occur in the future. " 不 " can also be used when negating the characteristics or qualities of someone/something or when negating a desire or wish.

例：（1）我昨天没去超市。　（2）我今天没吃早饭。　（3）这件衣服不贵。
　　　明天我不去超市。　　　他常常不吃早饭。　　　她不买衣服。

📝 用"没"或"不"填空。Fill in the blanks using either " 没 " or " 不 ".

（1）下星期我_____在天津 (Tiānjīn, Tianjin, a city in northern China)。
（2）昨天我_____去上课，明天也_____打算去。
（3）我每天都喝 (hē, to drink) 咖啡，今天起床很晚，我_____喝咖啡。
（4）我一般_____喝咖啡，我觉得咖啡_____好喝。
（5）金志英_____想接那个人的电话。
（6）卢卡给金志英打电话的时候，她正在上课，所以 (suǒyǐ, so)_____接电话。

二、交际练习 Communication practice

和你的同桌互相问问：假期打算去哪儿？打算做什么？不打算做什么？ Ask your deskmate where he/she plans to go for vacation. What will he/she do there? What won't he/she do there?

功能表达 3

学学表反复动作的量（V+数+次）；表完整动作过程的量（V+数+遍）

杰希 Jiéxī: 昨天下午打球了吗？ Zuótiān xiàwǔ dǎ qiú le ma?

马克 Mǎkè: 没打球。我和阿里打太极拳了。 Méi dǎ qiú. Wǒ hé Ālǐ dǎ tàijíquán le.

杰希 Jiéxī: 太极拳是什么？ Tàijíquán shì shénme?

阿里 Ālǐ: 我打一遍你看看。 Wǒ dǎ yí biàn nǐ kànkan.

杰希 Jiéxī: 啊，很好看，我也想学。 Ā, hěn hǎokàn, wǒ yě xiǎng xué.

马克 Mǎkè: 没问题。下次我们一起打。 Méi wèntí. Xià cì wǒmen yìqǐ dǎ.

25	打	dǎ	动	to play	打球；打拳
26	球	qiú	名	ball	篮球；足球
27	太极拳 拳	tàijíquán quán	名 名	taijiquan fist	打太极拳
28	遍	biàn	量	measure word for times an action has been completed from start to finish	说一遍；写了一遍
29	好看	hǎokàn	形	good-looking	很好看
30	没问题 问题	méi wèntí wèntí	 名	no problem question, problem	有问题；问问题
31	下次 次	xià cì cì	 量	next time time	每次；一次

一、语言表达聚焦 Focus on expressions

> V+ 数 + 次 / 遍
>
> "次、遍"都表示动作的数量。"次"表示动作反复的次数,"遍"表示完整动作过程的数量。
>
> "次" and "遍" both describe the number of times an action has occurred. "次" describes how many times an action has been repeated, while "遍" describes the number of times that an action has been fully completed.
>
> 例:(1)这本书我看了三次。(只是看三次,不一定看完了。The sentence only expresses that the book has been read/looked over three times, not necessarily that the speaker has ever finished reading it.)
>
> (2)这本书我看了三遍。(书完整看完了三次。The sentence means the book has been completely read three times.)

用"次"或"遍"填空。Fill in the blanks using "次" or "遍".

(1)杰希给马克打了两_____电话,马克都没接。

(2)今天的作业是:读五_____课文,写十_____生词。

(3)今天马克一个人打了两_____太极拳,下_____他打算和阿里一起打。

(4)我们一个学期考五_____试,现在已经考了三_____了。

(5)上课的时候马克看了二十_____表。

二、交际练习 Communication practice

和你的同桌互相问问:昨天干什么了? Ask your deskmate what he/she did yesterday.

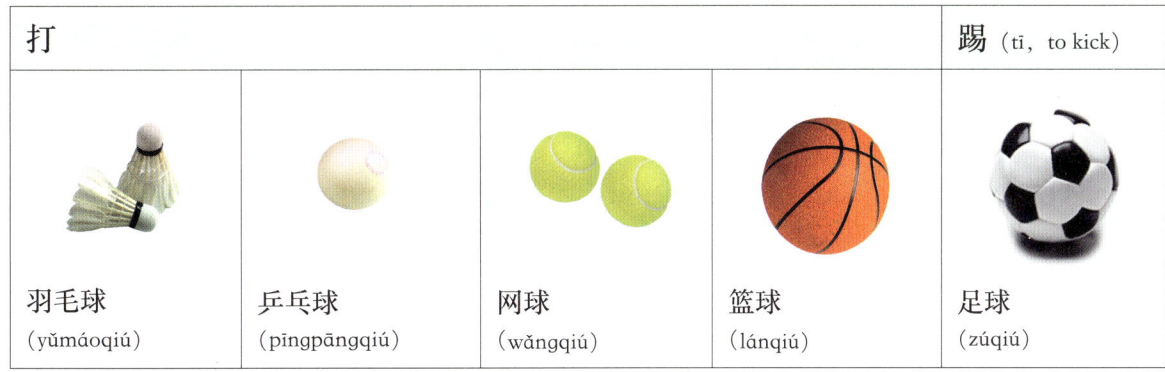

打				踢 (tī, to kick)
羽毛球 (yǔmáoqiú)	乒乓球 (pīngpāngqiú)	网球 (wǎngqiú)	篮球 (lánqiú)	足球 (zúqiú)

第 5 课

功能表达 4

学学叙述某一动作的完成（（[过去时间]+）V+了+数量+N）；**表往返移动动作的量**（V+数+趟）

Jiéxī : Wǒ zhōumò qùle yí tàng shāngdiàn．
杰希 : 我 周 末 去 了 一 趟 商 店。

Lìli : Qù mǎi yīfu le ?
莉莉 : 去 买 衣 服 了？

Jiéxī : Méi mǎi yīfu ． Wǒ mǎile yì shuāng xié, hái gěi
杰希 : 没 买 衣 服。我 买 了 一 双 鞋, 还 给

fùmǔ mǎile liǎng hé chá．
父 母 买 了 两 盒 茶。

Lìli : Huāle hěn duō qián ba ?
莉莉 : 花 了 很 多 钱 吧？

Jiéxī : Hái xíng, bābǎi'èr．
杰希 : 还 行, 八 百 二。

32	趟	tàng	量	measure word for trips, round trips, or times	去一趟；来了一趟
33	商店 店	shāngdiàn diàn	名 名	shop, store	一家商店 书店；饭店
34	衣服	yīfu	名	clothes	一件衣服；洗衣服
35	盒	hé	名	box	一盒饼干；一盒酸奶
36	茶	chá	名	tea	一杯茶；喝茶；绿茶
37	行	xíng	形	fine	

一、语言表达聚焦 Focus on expressions

1. **V+ 数 +趟**

   表示往返移动动作的量，常用的动词有"来、去、回、跑"等。

   This measure word is used to describe the number of times a trip has occurred. It is often paired with verbs such as "来，去，回，跑" etc..

✎ 看图片，用"V+数+趟"说一说。Describe the pictures using the "V+数+趟" pattern.

洗手间 (xǐshǒujiān)　　回 (huí, to go back)

2. （[过去时间]+）V+了+数量（+N）

表示动作完成的数量或动作所及事物的数量。

Describes the number of times an action has been completed or what has been obtained from that action.

例：（1）我周末去了一趟商店。（动作完成的数量 Number of times the action has been completed）

（2）我（昨天）买了5本书。（动作所及事物的数量 Amount of something obtained from the action）

否定式是"S+没+V+N"，不要加"数量"和"了"。

The negative form of the pattern is "S+没+V+N". There is no need to add "数量" or "了".

例：（1）我没去商店。（*她没去一趟商店。*她没去商店了。）

（2）我没买书。（*她没买5本书。*她没买书了。）

注意：过去的行为不一定都用"了"，比如在说明一个情况时就不用"了"。

Remember: not all past tense actions require "了". For examples, if what is said is an explanation, then "了" is not used.

例：（1）他小时候就会 (huì, can, be able to) 游泳。

（2）去年金志英在韩国学汉语。

✎ 看图片，用"（[过去时间]+）V+了+数量（+N）"说一说。Look at the pictures, then describe them using the "（[过去时间]+）V+了+数量（+N）" pattern.

第5课　　109

去　　　　迟到　　　　写　　　　喝 (hē, to drink)　　　　买　　　　写

二、交际练习 Communication practice

和你的同桌说说：莉莉和朱迪周末去哪儿了？干什么了？你和你的同桌呢？

Discuss with your deskmate where Lili and Zhudi went over the weekend. What did they do? What did you and your deskmate do over the weekend?

莉莉　　　　　　　　　　　朱迪

试　　　　　　　　　　　　买

第四部分　课文

阿里：你周末去哪儿了？
（Ālǐ: Nǐ zhōumò qù nǎr le?）

莉莉：我星期六去了趟北京。
（Lìlì: Wǒ xīngqīliù qùle tàng Běijīng.）

阿里：（笑 Laughing）买了几件衣服？
（Ālǐ: Mǎile jǐ jiàn yīfu?）

［北京 (Běijīng, Beijing)］

莉莉：Méi mǎi yīfu, wǒ qù jīchǎng jiē péngyou le, tā lái Zhōngguó lǚyóu.
没买衣服，我去机场接朋友了，他来中国旅游。

阿里：Nǐmen xīngqītiān qù nǎr wán le?
你们星期天去哪儿玩了？

莉莉：Wǒmen qù Shípǐnjiē chī Gǒubùlǐ Bāozi le.
我们去食品街吃狗不理包子了。

阿里：Qù Wénhuàjiē le ma?
去文化街了吗？

莉莉：Wǒmen dǎsuàn míngtiān qù.
我们打算明天去。

阿里：Qù tīng xiàngsheng?
去听相声？

莉莉：Wǒ de péngyou dì-yī cì lái Tiānjīn, tā xiǎng qù kànkan. Duì le, nǐ zhōumò gàn shénme le?
我的朋友第一次来天津，他想去看看。对了，你周末干什么了？

阿里：Wǒ xué dǎ tàijíquán le.
我学打太极拳了。

莉莉：Tàijíquán? Fēicháng yǒumíng a!
太极拳？非常有名啊！

[食品街 (Shípǐnjiē, Food Street); 狗不理包子 (Gǒubùlǐ Bāozi, "Go believe," specialty, steamed stuffed buns); 文化街 (Wénhuàjiē, Ancient Cultural Street); 天津 (Tiānjīn, Tianjin)]

38	机场	jīchǎng	名	airport	北京机场；去机场
39	接	jiē	动	to pick up (someone)	接朋友；接人
40	旅游	lǚyóu	动	to travel	来/去北京旅游
41	听	tīng	动	to listen	听歌
42	相声	xiàngsheng	名	comic dialogue	说相声；听相声
43	第	dì		ordinal number prefix	第一次；第一天；第二
44	有名	yǒumíng	形	famous	有名的大学；很有名

阿里：你有兴趣？
Ālǐ: Nǐ yǒu xìngqù?

莉莉：对啊，我很想看看，你打一遍吧！
Lìli: Duì a, wǒ hěn xiǎng kànkan, nǐ dǎ yí biàn ba!

阿里：好。（准备打 Preparing to do *taijiquan*）啊，我已经忘了。
Ālǐ: Hǎo. Ā, wǒ yǐjing wàng le.

45	兴趣	xìngqù	名	interest	（对……）有/没兴趣
46	忘	wàng	动	to forget	忘了他的名字

课文综合练习 Comprehensive exercises

1. 根据课文内容判断。Judge whether the expressions are right ("√"), wrong ("×"), or if there is not enough information provided in the text ("?").

   （1）莉莉去北京买衣服了。（   ）

   （2）他们星期六去食品街吃狗不理包子了。（   ）

   （3）莉莉和她的朋友去文化街了。（   ）

   （4）阿里周末和杰希一起打太极拳了。（   ）

   （5）阿里给莉莉打了一遍太极拳。（   ）

2. 根据课文内容回答。Answer the questions according to the text.

   （1）用"去+[地方]+V（+N）"

   ①莉莉星期六干什么了？星期天呢？

   ②莉莉去文化街干什么？

   （2）用"没+V（+N）"

   ①莉莉买衣服了吗？

   ②阿里周末去北京了吗？

   ③阿里给莉莉打太极拳了吗？

   （3）用"已经"

   ①莉莉不认识食品街吧？

   ②阿里为什么没打太极拳？

3. 根据课文内容填空并大声读一读。Fill in the blanks and read aloud according to the text.

莉莉星期六去了一（　）北京，她（　）买衣服，她去机场（　）朋友了。星期日他们（　）去食品街（　）狗不理包子了，他们（　）星期二去文化街听相声。阿里（　）去北京，他（　）打太极拳了，莉莉想让 (ràng, to let) 阿里打一（　），但是 (dànshì, but, while) 阿里（　）忘了。

第五部分　综合表达训练

1. 读一读，选一选。Read the questions, then match them with the appropriate response.

A. 我买了一个面包和一瓶水。	D. 我打算去北京看朋友。
B. 我去商店买衣服了。	E. 我没去北京，我跟朋友在天津玩。
C. 我正在上课呢。	F. 我跟朋友去了一趟商店。

   例：你在干什么？　　　　　　（ C ）
   （1）你去北京了吗？　　　　　（ 　 ）
   （2）周末你干什么了？　　　　（ 　 ）
   （3）下个月你有什么打算？　　（ 　 ）
   （4）你买什么了？　　　　　　（ 　 ）
   （5）你去哪儿了？　　　　　　（ 　 ）

2. 看图表达。Describe the pictures.
   （1）他们一家三口在干什么？　What are the three family members doing?

   爸爸做饭的时候，妈妈和孩子在干什么？

   做饭 (zuò fàn, to cook)　　看电视

爸爸工作的时候，妈妈和孩子在干什么？

洗衣服　　　　　　　　　写作业（zuòyè，homework）

（2）她们买什么了？ What did they buy?

（3）他们上周做什么了？下周打算做什么？ What did they do last week? What do they plan to do next week?

3. **完成任务**：采访包括一个中国人在内的两个朋友。**Complete a task: Interview two friends of you, incluing one Chinese.**

例：昨天中午12点你在干什么？昨天晚上6点呢？上周末你去哪儿干什么了？下周末你打算去哪儿？干什么？

4. 读一读"阿里的周末"。然后说一说你的周末,再写下来。Read "Ali's weekend". After reading, talk and write about your own weekend.

上个星期五我和朋友一起去酒吧了,我喝了一杯咖啡,没喝酒。星期六我跟马克练(liàn, to practice)了两遍太极拳,可现在已经忘了。杰希也想学打太极拳,下次我们一起打。下周我还想去一趟北京。

第六部分　文化读本

四种"包"

男朋友给我打电话,说他在逛街,想给我买包,我非常高兴。他说一共有四种,不知道我喜欢什么样的,打算四种都买,我高兴极了,做了很多他喜欢吃的菜等他回来。男朋友回来以后,拿出一个袋子,说:"吃吧,四种我都买了,豆沙包、糖包、三鲜包、白菜鸡蛋包。"

1	包	bāo	bag
2	知道	zhīdào	to know
3	样	yàng	style
4	极了	jí le	extremely
5	菜	cài	dish
6	等	děng	to wait
7	回来	huílai	to come back
8	以后	yǐhòu	after
9	拿出	náchū	to take out

10	袋子	dàizi	bag
11	豆沙包	dòushābāo	bean-paste bread
12	糖包	tángbāo	steamed bun stuffed with sugar
13	三鲜包	sānxiānbāo	steamed bun with three shredded ingredients
14	白菜鸡蛋包	báicài jīdànbāo	cabbage and egg bun

想一想:男朋友给我买的"包"是我想要的包吗? Think: Was the "包" my boyfriend bought for me the one I wanted?

第6课
我点一个辣的吧

基本功能项及内容

	功能项	本课表达	基本结构	举例
1	询问 Asking questions	问饮食喜好 Asking someone about their favorite food or drink	喜欢 + 吃 + 什么? 喜欢 + 吃 +[饭菜]+ 吗? 喜欢 + 吃 +Adj+ 的 + 吗?	你喜欢吃什么? 你喜欢吃饺子吗? 你喜欢吃辣的吗?
		问忌口 Asking someone if there are any foods they avoid	有 + 什么 + 不吃的?	几位有什么不吃的?
		问味道 Asking about a food's flavor	[饭菜]+ 是 + 什么 + 味道 + 的? [饭菜]+ 味道 + 怎么样?	宫保鸡丁是什么味道的? 饺子味道怎么样?
2	说明 Explanation	说明饮食喜恶 Describing what foods one likes or dislikes	喜欢/不喜欢 + 吃 + Adj+ 的 喜欢/不喜欢 + 吃 + [饭菜]	马克喜欢吃辣的。 我不喜欢吃羊肉。
		说明忌口 Describing foods one avoids	不 + 吃 +[食物]	金志英不吃香菜。
		说明味道 Describing a food's flavor	[饭菜]+ 是 +Adj+ 的 [饭菜]+ 味道 + 很 + 好	宫保鸡丁是辣的。 饺子味道很好。
3	商量 Discussion	提出建议，希望对方采纳 Offering a suggestion that one hopes will be accepted	……（，）好吗/好不好?	去那儿吃，好吗/好不好?

第 6 课

	功能项	本课表达	基本结构	举例
4	表意愿 Expressing a desire	按意愿点菜 Ordering one's desired food	要/来 + 数量 + [饭菜]	再来一个炒荷兰豆。 我要两个包子。
5	比较 Comparing	a、b 性质的比较 Comparing the qualities of "a" and "b"		
		–a 高于 b When "a" is better than "b"	a 比 b + Adj	饺子比面条儿好吃。
		–a 低于 b When "a" is not as good as "b"	a 没有 b + Adj	面条儿没有饺子好吃。
6	评价 Evaluating	评价事物程度较低 Judging something as being of low level	不太 + Adj/V[心理]	我不太饿。
		在某范围内排列第一 Describing something as the best in its category	最 + Adj 最 + V[心理]（+ VP / N）	羊肉最好吃。 我最喜欢吃羊肉。
7	不满 Dissatisfaction	表达对事物不满意 Expressing that one is unsatisfied with something	太 + Adj[消极](+ 了)	这包子太小了。
8	赞美 Complimenting	对美好事物发出赞叹 Giving praise to something	太 + Adj[积极] + 了	中国的菜太有意思了！
9	能力 Ability	掌握、具备某种能力 Describing the mastery or possession of a certain ability	会 + V（+N）	我会用筷子。

第一部分　语音和汉字

一、语音练习 Pronunciation practice

1	Yì zhī qīngwā yì zhāng zuǐ, liǎng zhī yǎnjing sì tiáo tuǐ. 一只青蛙一张嘴，两只眼睛四条腿。 Liǎng zhī qīngwā liǎng zhāng zuǐ, sì zhī yǎnjing bā tiáo tuǐ. 两只青蛙两张嘴，四只眼睛八条腿。
2	Yī、èr、sān, páshàng shān; Sì、wǔ、liù, fān gēntou; Qī、bā、jiǔ, pāi píqiú; Shēn chū liǎng zhī shǒu, shí gè shǒuzhǐtou. 一、二、三，爬上山；四、五、六，翻跟头；七、八、九，拍皮球；伸出两只手，十个手指头。
3	Yì tóu niú, liǎng pǐ mǎ, sān tiáo yú, sì zhī jī; 一头牛，两匹马，三条鱼，四只鸡； Wǔ běn shū, liù zhī bǐ, qī kē shù, bā duǒ huār, 五本书，六支笔，七棵树，八朵花儿， jiǔ jià fēijī, shí liàng chē. 九架飞机，十辆车。

二、汉字 Chinese characters

1. 认一认，写一写。Identify and write.

   已（已经）—己（自己）　起（一起）—超（超市）　午（中午）—牛（牛肉）
   考（考试）—老（老师）　唱（唱歌）—喝（喝水）　半（一半）—羊（羊肉）
   饭（吃饭）—饮（饮料）　菜（素菜）—茶（绿茶）　常（常常）—尝（尝尝）

已	己	起	超	午	牛
考	老	唱	喝	半	羊
饭	饮	菜	茶	常	尝

2. 汉字的部首 Character radicals

   看一看，下面这些字哪儿一样？你还知道别的字吗？请写在后面。Take a look at the

following characters. What do they have in common? Do you know other characters that share these similarities? Write them down below.

（1）他、休、_____   （2）饭、饼、_____
（3）吃、叫、_____   （4）洗、泳、_____

> 每组字左边的部分都一样，它们都是汉字的部首，它们的名字是：
> The left portion of each series of characters is the same. These sections are known as "radicals" and have the following names:
> （1）亻——单立人 (dānlìrén)   （2）饣——食字旁 (shízìpáng)
> （3）口——口字旁 (kǒuzìpáng)   （4）氵——三点水 (sāndiǎnshuǐ)
> 汉字的部首有的就是一个汉字，如"口、木、王、女、火"；
> Some radicals are characters themselves, such as "口, 木, 王, 女, 火".
> 有的部首只做偏旁 (piānpáng, character components)，是汉字的变体，如"亻、氵、饣、讠"分别是"人、水、食、言"的变体。
> Some radicals are only found as the left or right side component of a character. Such radicals are variants of already existing characters, for example "亻, 氵, 饣, 讠" are variants of "人, 水, 食, 言" respectively.
> 查字典时，可以通过部首查汉字。如，汉字"叫"可以查部首"口"，汉字"她"可以查部首"女"。
> When using a Chinese dictionary, one can look up a character by referring to its radical. For example, looking up "叫" by referring to "口", looking up "她" by referring to "女".

✎ 写一写。Write the characters.

jiàn 亻健 healthy, strong

jiǎo 饣饺 dumpling

wèi 口味 taste

xǐ 氵洗 to wash

第二部分　课前热身

1. 读读下面的词语。Read the following words aloud.

  ròucài gōngbǎo jīdīng yúxiāng ròusī tángcùyú làzijī
  肉　菜　　宫　保　鸡　丁　　鱼　香　肉　丝　　糖　醋　鱼　　辣　子　鸡

  sùcài Rìběn dòufu chǎo Hélándòu xīhóngshì chǎo jīdàn sōngrén yùmǐ
  素　菜　　日　本　豆　腐　　炒　荷　兰　豆　　西　红　柿　炒　鸡　蛋　　松　仁　玉　米

2. 读读下面的句子。Read the following sentences aloud.

    Wǒ yào liǎng gè bāozi．
（1）我　要　两　个　包　子。

    Qù xuéxiào xīmén nà jiā fànguǎn chī，hǎo ma？
（2）去　学　校　西　门　那　家　饭　馆　吃，好　吗？

    Jiǎozi bǐ miàntiáor hǎochī．
（3）饺　子　比　面　条　儿　好　吃。

    Mǎkè bù chī jīròu，Ālǐ zuì xǐhuan chī jīròu．
（4）马　克　不　吃　鸡　肉，阿　里　最　喜　欢　吃　鸡　肉。

第三部分　功能表达范例与训练

功能表达 1

学学按意愿点菜（要/来 + 数量 +［饭菜］）；表达对事物不满意（太 +Adj[消极]（+ 了））

第6课

（在食堂 At a cafeteria）

	Fúwùyuán	:	Nín yào shénme?
	服务员	:	您要什么？

	Jīn Zhìyīng	:	Wǒ yào liǎng gè bāozi.
	金志英	:	我<u>要</u><u>两</u><u>个</u>包子。

	Fúwùyuán	:	Sù de háishi ròu de?
	服务员	:	<u>素</u><u>的</u>还是<u>肉</u><u>的</u>？

	Jīn Zhìyīng	:	Yí gè ròu de, yí gè sù de.
	金志英	:	一个<u>肉的</u>，一个<u>素的</u>。

	Fúwùyuán	:	Gěi nín.
	服务员	:	给您。

	Jīn Zhìyīng	:	Zhè bāozi tài xiǎo le, zài lái liǎng gè ba.
	金志英	:	这包子<u>太小了</u>，再<u>来</u><u>两个</u>吧。

1	包子	bāozi	名	steamed stuffed bun	一个包子
2	素的	sù de		vegetable food/dish	
	素	sù	名	vegetables	素包子；素菜
3	肉的	ròu de		meat food / dish	
	肉	ròu	名	meat	肉包子；肉菜

一、语言表达聚焦 Focus on expressions

1. **"的"字短语**

   名词、代词、形容词、动词等实词或短语后加"的"可组成"的"字短语，作用和名词差不多。

   A "的" added to the end of a noun, pronoun, adjective, verb, or phrase creates a "的 phrase", which functions similarly to a noun.

   例：（1）这本书是莉莉的。（莉莉的 = 莉莉的书）

   （2）我可以看一下你的吗？（你的 = 你的书）

   （3）这本书是新的。（新的 = 新的书）

   （4）我买的在这儿，金志英买的在那儿。（金志英买的 = 金志英买的书）

"我的"可能指"我的手机""我的东西""我的书"等，不过在特定语境中，双方都知道指的是什么。

"我的" can be used in reference to many things, such as "我的手机(my phone)" "我的东西(my belongings)" "我的书(my book)" etc., but must be used in a context where both speaker and listener know what is being referred to.

用"……的"说一说，写一写。Speak and write using the "……的".

手机（shǒujī, cellphone）；洗手间（xǐshǒujiān, toilet）

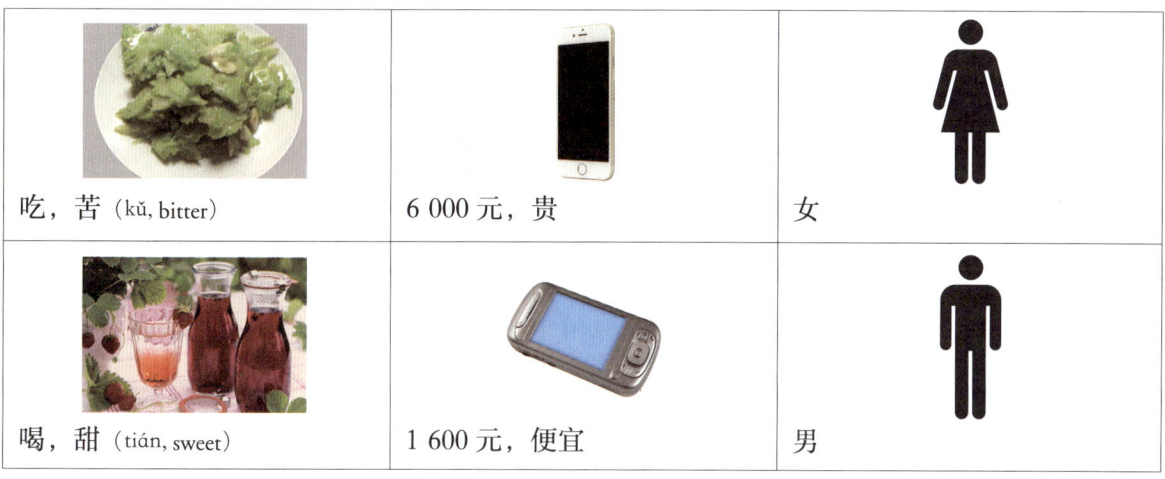

| 吃，苦（kǔ, bitter） | 6 000元，贵 | 女 |
| 喝，甜（tián, sweet） | 1 600元，便宜 | 男 |

和你的同桌用"你要……的还是……的"互相问问。Ask your deskmate some questions using "你要……的还是……的".

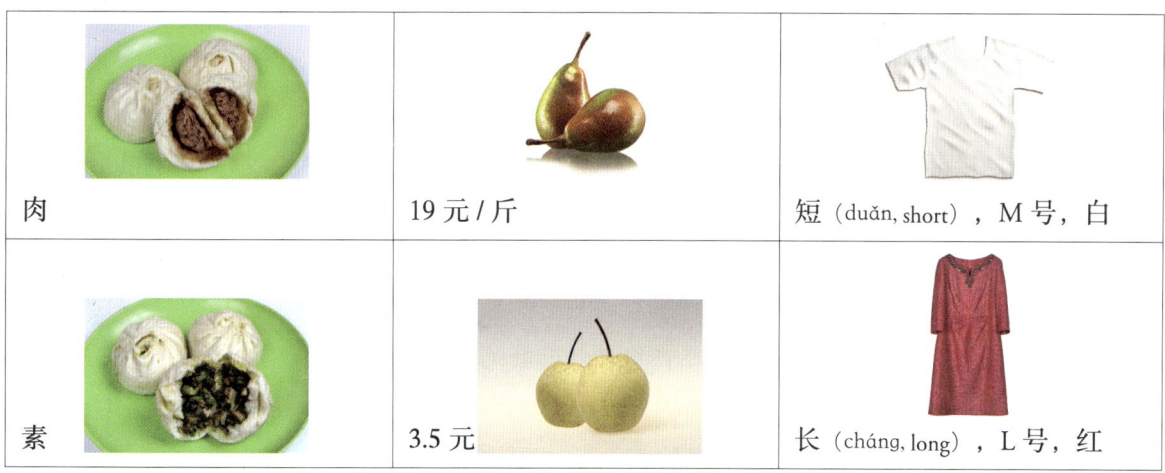

| 肉 | 19元/斤 | 短（duǎn, short），M号，白 |
| 素 | 3.5元 | 长（cháng, long），L号，红 |

第6课

2. 太 +Adj+ 了

"太 +Adj[积极]+ 了"用于赞叹，可表示满意。

Used to praise something and can be used to express one's satisfaction.

例：(1) 太好了！　(2) 太好吃了！

"太 +Adj[消极](+ 了)"表达不满意，有"过分"的意思。

Used to describe that something is excessively bad or negative and can be used to express one's dissatisfaction.

例：太贵了！

用"太 +Adj+ 了"说一说。Form a few sentences using the "太 +Adj+ 了" pattern.

辣（là, hot）　　我想上大学　　60 元 / 盘（pán）　　好用　　　漂亮　　　好吃

二、交际练习 Communication practice

两人一组练习：你去食堂吃午饭，饭卡里有 30 块钱。Pair work: You are going to the cafeteria to eat lunch. Your have 30 *yuan* in your card.

　面条儿（miàntiáor）15 元 / 碗	　肉包子 2.5 元 / 个	　素包子 2 元 / 个
　炒土豆丝（chǎo tǔdòusī）8 元 / 份（fèn）	　西红柿炒鸡蛋（xīhóngshì chǎo jīdàn）10 元 / 份	　米饭（mǐfàn）2 元 / 碗

功能表达 2

学学说饮食喜好（喜欢 + 吃 +[饭菜]）；**提出建议希望对方采纳**（……（,）好吗 / 好不好？）

阿里：中午去哪儿吃？
Ālǐ: Zhōngwǔ qù nǎr chī?

马克：去学校西门那家饭馆吃，**好吗**？
Mǎkè: Qù xuéxiào xīmén nà jiā fànguǎn chī, hǎo ma?

阿里：好啊。
Ālǐ: Hǎo a.

（在饭馆 At a restaurant）

阿里：请问什么菜好吃？
Ālǐ: Qǐngwèn shénme cài hǎochī?

服务员：留学生一般都**喜欢吃**宫保鸡丁和鱼香肉丝。
Fúwùyuán: Liúxuéshēng yìbān dōu xǐhuan chī gōngbǎo jīdīng hé yúxiāng ròusī.

阿里：宫保鸡丁是什么味道的？
Ālǐ: Gōngbǎo jīdīng shì shénme wèidào de?

服务员：辣的，很好吃。
Fúwùyuán: Là de, hěn hǎochī.

马克：来一个尝尝吧。
Mǎkè: Lái yí gè chángchang ba.

[宫保鸡丁（gōngbǎo jīdīng, diced chicken with chili and peanuts）；鱼香肉丝（yúxiāng ròusī, fried shredded pork with sweet and sour sauce）]

4	学校	xuéxiào	名	school	去学校
5	西门	xī mén		west gate	学校西门
	西	xī	名	west	西边；西方
6	家	jiā	量		一家饭店；一家超市

7	饭馆	fànguǎn	名	restaurant	一家饭馆
8	好吃	hǎochī	形	delicious	很好吃；非常好吃
9	留学生	liúxuéshēng	名	international student	日本留学生
10	味道	wèidào	名	taste, flavor	味道很好
11	辣	là	形	spicy	辣的；辣味
12	尝	cháng	动	to taste	尝尝

一、语言表达聚焦 Focus on expressions

1. 喜欢 +VP/N

   说明喜好，"喜欢"后可以是具体的东西，也可以是事情。

   Used to describe what one likes or is fond of. The word or phrase following "喜欢" can be a specific object or something more abstract.

   例：（1）金志英喜欢中国。 （2）金志英喜欢学汉语。 （3）马克喜欢吃辣的。

说说他们喜欢什么，不喜欢什么，然后说说你自己。Talk about what the people in the pictures like and don't like, then share your own likes and dislikes.

	喜欢	不喜欢	喜欢	不喜欢
金志英			辣 咸 (xián, salty)	酸
平田			肉	素
马克			凉 (liáng, cool)	热 (rè, hot)

Lesson 6

2. 好不好 / 好吗？

表示商量的口气，用来征询对方意见，或提出建议，希望对方采纳。

Used when asking someone's opinion, or proposing a suggestion that the speaker hopes the listener will agree to.

例：我们一起去公园，好不好 / 好吗？

用"……，好不好 / 好吗"说一说。Speak using the "……，好不好 / 好吗".

来　　　　　　跳舞（tiàowǔ）　　　　等（děng）　　　　讲故事（jiǎng gùshi, to tell a story）

用"……，好不好 / 好吗"写一写。Write using the "……，好不好 / 好吗".

例：我想吃包子，中午我们去吃包子（吃），好不好 / 好吗？

（1）你这件衣服太漂亮了！＿＿＿＿＿＿＿＿（试），＿＿＿＿＿＿？

（2）我想打太极拳，＿＿＿＿＿＿＿＿（打），＿＿＿＿＿＿？

（3）菜有点儿少，＿＿＿＿＿＿＿＿（点），＿＿＿＿＿＿？

（4）服务员说宫保鸡丁很好吃，＿＿＿＿＿＿＿＿（来），＿＿＿＿＿＿？

（5）这是你买的书？＿＿＿＿＿＿＿＿（看），＿＿＿＿＿＿？

二、交际练习 Communication practice

介绍你喜欢吃和不喜欢吃的各一道菜的口味。Talk about some food flavors that you like and dislike.

酸　　　甜　　　苦　　　辣　　　咸　　　清淡　　　油腻

（qīngdàn, light）（yóunì, greasy, oily）

功能表达 3

学学评价事物程度较低（不太+Adj）**；说明具备某种能力**（会+V（+N））**；说饭菜的味道；比较两事物的性质**（a 比 b+Adj）

服务员：两位吃什么主食？
Fúwùyuán: Liǎng wèi chī shénme zhǔshí?

莉莉：我要一碗面条儿。
Lìlì: Wǒ yào yì wǎn miàntiáor.

朱迪：我**不太会用**筷子，吃饺子吧。
Zhūdí: Wǒ bú tài huì yòng kuàizi, chī jiǎozi ba.

服务员：您要几两①？
Fúwùyuán: Nín yào jǐ liǎng?

朱迪：我**不太饿**，要二两吧。
Zhūdí: Wǒ bú tài è, yào èr liǎng ba.

（吃饭的时候 While eating）

莉莉：饺子味道怎么样？
Lìlì: Jiǎozi wèidào zěnmeyàng?

朱迪：**味道很好**，你尝尝。
Zhūdí: Wèidào hěn hǎo, nǐ chángchang.

莉莉：啊，饺子**比**面条儿**好吃**。
Lìlì: Ā, jiǎozi bǐ miàntiáor hǎochī.

① 在食堂或小饭馆，面条儿、米饭、饺子等都可以按"两"买。Noodles, rice, dumplings, and so on can be ordered by "两" in cafeterias or eateries.

13	主食	zhǔshí	名	staple food such as rice, noodles, bread	吃什么主食；主食有什么
14	碗	wǎn	名	bowl	一碗饭
15	面条儿	miàntiáor	名	noodles	一碗面条儿；吃面条儿
16	会	huì	动	can (do something), able to (do something)	会游泳；会说汉语
17	用	yòng	动	to use	用筷子；用铅笔

18	筷子	kuàizi	名	chopsticks	一双筷子；会用筷子
19	两	liǎng	量	*liang*, unit of weight (50 gram)	一两米饭
20	饿	è	形	hungry	太饿了；饿坏了
21	怎么样	zěnmeyàng	代	how about	身体怎么样；味道怎么样
22	比	bǐ	介	used to compare differences in properties and degrees	比那个好吃

一、语言表达聚焦 Focus on expressions

1. 会 +V（+N）

   表示掌握、具备某种能力。不具备某种能力说"不会 V（+N）"。

   Describes the mastery or possession of a certain ability. The pattern "不会 V（+N）" can be used to express that one does not possess a certain ability.

   问问你的同桌会什么。Ask your deskmate what things he/she can do.

   例：你会唱歌吗？　　——我不会唱歌，我会跳舞。

   （1）会<u>唱歌</u>（跳舞 / 骑自行车 / 游泳 / 打太极拳 / 写汉字）

   （2）会说<u>汉语</u>（英语 / 日语 / 韩语 / 俄语）

   （3）会用<u>筷子</u>（叉子 (chāzi, fork) / 刀子 (dāozi, knife) / 勺子 (sháozi, spoon)）

2. a 比 b+ Adj

   比较 a、b 两事物的性质，说明 a 相对高于 b 的部分。a、b 相同的部分一般可以在 b 中省略。

   Compares the qualities of two objects, "a" and "b". The pattern expresses that a certain characteristic of "a" is relatively "higher" than that of "b". When the "a" and "b" statement contain similar information, the repeated portion in "b" can usually be omitted.

   b 没（有）a+Adj

   说明 b 事物相对低于 a。"Adj" 一般是表示积极意义的词。

Expresses that "b" is relatively "lower" than "a". The "Adj" following "a" usually has a positive meaning.

例：（1）北京比天津大。≈ 天津没有北京大。（*北京没有天津小。）

（2）我的鞋比她的便宜。≈ 她的鞋没我的便宜。

注意：（1）这里的 Adj 前一般不能用程度副词"很、非常、太、最、有点儿、不太"或"不、没（有）"等。（2）不能说"a+Adj+ 比 +b"。

Remember: (1) Usually, adverbs that describe degree, such as "很，非常，太，最，有点儿，不太" or "不，没（有）" etc. cannot be placed in front of the "Adj". (2) One cannot say "a+Adj+ 比 +b".

例：他比我大。（*他比我很大。　*他比我不大。　*他大比我。）

✎ 用"a 比 b+Adj"和"b 没有 a+Adj"写一写。Write using the "a 比 b+Adj" and "b 没有 a+Adj" patterns.

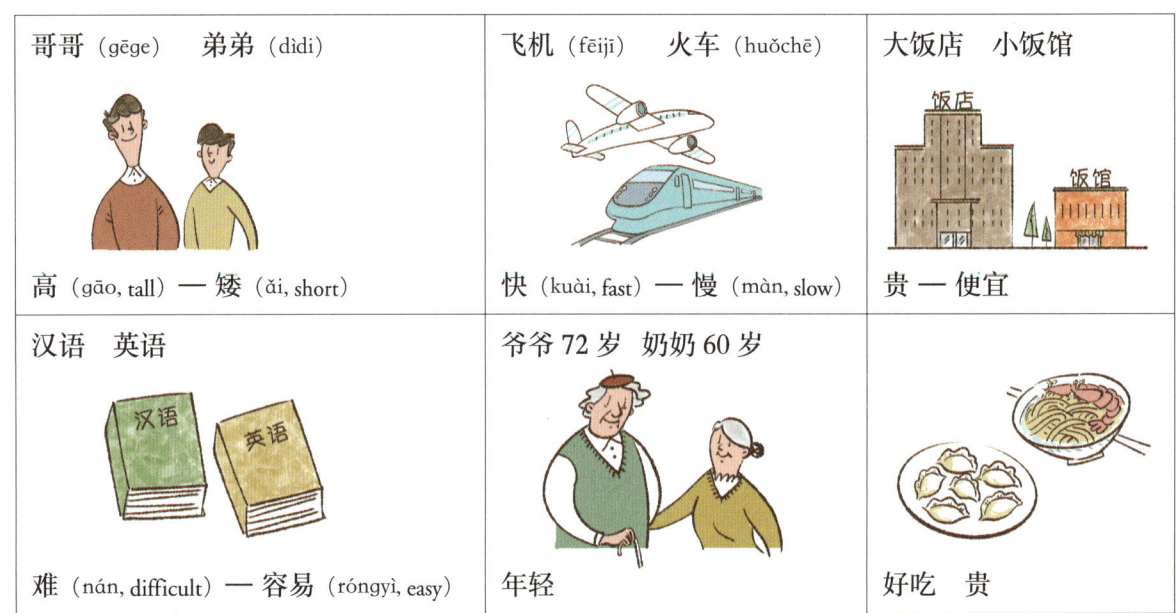

3. 不太 +Adj/V[心理]

说明事物的程度低。

Describes that an object is of a low degree or level.

例：（1）A: 汉语难吗？　B: 汉字很难，拼音 (pīnyīn) 不太难。

（2）我不太想去。　（3）我不太喜欢吃包子。

📝 用"不太……"写一写。Write using the "不太……" pattern.

（1）A: 今天的作业太难了！

　　B: 是吗？我觉得_____，我已经做完（zuòwán, to finish）了。

（2）A: 你们班男生多吗？　　B: _____，一共 12 个。

（3）A: 中国的东西贵不贵？　　B: 衣服很贵，吃的东西和_____。

（4）A: 我很喜欢四川菜，我觉得非常好吃。　　B: 我_____四川菜，我觉得太辣了。

（5）我昨天晚上睡觉有点儿晚，早上_____。

二、交际练习 Communication practice

和你的同桌说说：今天中午去哪儿吃？吃什么？ Discuss with your deskmate where you would like to go for lunch today and what you would like to eat.

功能表达 4

学学评价事物在某范围内排列第一（最 +Adj；最 +V[心理]（+ VP /N））；**问忌口**（有 + 什么 + 不吃的？）；**说明忌口**（不 + 吃 +[食物]）

服务员：几位① **有什么不吃的**？
Fúwùyuán : Jǐ wèi yǒu shénme bù chī de ?

金志英：我 **不吃** 香菜。你们呢？
Jīn Zhìyīng : Wǒ bù chī xiāngcài. Nǐmen ne ?

马　克：我 **不吃** 鸡肉。
Mǎkè : Wǒ bù chī jīròu.

① "几"在这里不是疑问代词。"几" functions as a determiner instead of an interrogative pronoun and means "several" here.

Fúwùyuán: （转向莉莉 Speaking to Lili）Nín ne?
服务员：（转向莉莉 Speaking to Lili）您呢？

Mǎkè: Tā shǔ yáng, bù chī yángròu.
马克：她属羊，不吃羊肉。

Lìlì: Búduì, wǒ zuì xǐhuan chī yángròu.
莉莉：不对，我最喜欢吃羊肉。

23	香菜	xiāngcài	名	cilantro, coriander	不喜欢吃香菜
24	鸡肉	jīròu	名	chicken (meat)	喜欢吃鸡肉；不吃鸡肉
	鸡	jī	名	chicken	小鸡
25	属	shǔ	动	to be born in the year of	属鸡；属牛
26	羊肉	yángròu	名	mutton	喜欢吃羊肉；不吃羊肉
	羊	yáng	名	sheep, goat	属羊；
27	最	zuì	副	to the highest/lowest degree; most	最好吃；最喜欢

一、语言表达聚焦 Focus on expressions

> 最
>
> 表示在某范围内排列第一。常见的结构有"最+Adj"和"最+V[心理]（+VP/N）"。
>
> Describes that something is the best in a certain category. Commonly used structures are "最 + Adj" and "最 +V[心理](+VP/N)".
>
> 例：鱼香肉丝22块，宫保鸡丁20块，土豆丝10块，土豆丝最便宜。
>
> 注意：句首常有表示某范围的词语，被比较的事物常常不出现。
>
> Remember: The beginning of the sentence will often have a word indicating a category. The other objects in the category that are being compared to are often unstated.
>
> 例：（1）（饭店里的菜）土豆丝最便宜。 （2）我最喜欢游泳。

✎ 根据实际情况填空。Fill in the blank according to the actual situation.

（1）我喜欢吃＿＿＿、＿＿＿、＿＿＿，我最喜欢吃＿＿＿＿。

（2）我喜欢唱歌、＿＿＿、＿＿＿、＿＿＿、＿＿＿，我最喜欢＿＿＿＿。

（3）我在中国买了很多东西，最贵的是_____，最便宜的是_____。

（4）今天中午我最想吃_____。

（5）我最不喜欢吃_____，我不吃_____。

二、交际练习 Communication practice

和你的同桌互相问问最（不）喜欢干的事和最（不）喜欢的人、颜色和吃的。Ask your deskmate about their favorite/least favorite activities and their favorite/least favorite people, colors, and foods.

第四部分　课文

（星期六，老师和同学们在饭店为莉莉庆祝生日。On Saturday, the teacher and students are celebrating Lili's birthday at a restaurant.）

李悦：每人点一个自己最喜欢吃的菜，好吗？莉莉先来。

莉莉：（看菜单 Reading the menu）来个松仁玉米吧。

朱迪：我点一个西红柿炒鸡蛋吧。

[松仁玉米 (sōngrén yùmǐ, sautéed sweet corn with pine nuts)；西红柿炒鸡蛋 (xīhóngshì chǎo jīdàn, scrambled eggs with tomatoes)]

28	点	diǎn	动	to order	点菜
29	自己	zìjǐ	代	oneself	我自己；他自己
30	菜	cài	名	dish	
31	先	xiān	副	first	先听；先看

平田：日本豆腐？点一个尝尝。

阿里：你们点的都是素的，我要个肉的，糖醋鱼。

马克：我点一个辣的吧，辣子鸡，好不好？

莉莉：行，没问题。

金志英：要一个炒荷兰豆。

杰希：日本豆腐，荷兰豆……这是中国饭店吗？

李悦：（笑 Laughing）日本豆腐不是日本的，荷兰豆也不是荷兰的。

杰希：中国的菜名太有意思了！

[日本豆腐 (Rìběn dòufu, Japanese tofu)；糖醋鱼 (tángcùyú, sweet-and-sour fish)；辣子鸡 (làziji, chicken with chilli)；炒荷兰豆 (chǎo Hélándòu, stir-fried snow peas)]

| 32 | 行 | xíng | 动 | all right, sure, OK | |
| 33 | 有意思 | yǒu yìsi | | interesting | 很有意思；没（有）意思 |

服务员：主食吃什么？

李悦：面条儿吧，中国人过生日的时候都吃面条儿。

服务员：几位喝点儿什么？茶还是饮料？

杰希：茶或者饮料都行。

莉莉：喝茶吧，茶比饮料健康。

（吃饭的时候 While eating）

李悦：味道怎么样？

莉莉：辣子鸡有点儿辣，别的菜都很好吃。

服务员：菜齐了，现在上主食好吗？

34	过	guò	动	to celebrate	过节；过生日
35	饮料	yǐnliào	名	beverage	一杯饮料；喝饮料
36	健康	jiànkāng	形	healthy	很健康；不太健康
37	齐	qí	形	all set, ready	菜齐了；人齐了
38	上	shàng	动	to serve (dishes)	上菜

李悦：好的。

马克：我已经吃饱了。

（结账 Paying the bill）

李悦：服务员，买单。

服务员：好的，请稍等。……一共三百一十六。

39	饱	bǎo	形	to be full	吃饱；饱了
40	买单	mǎidān	动	to check-out, to pay the bill	谁买单
41	稍等	shāo děng		wait a minute	

课文综合练习 Comprehensive exercises

1. 根据课文内容回答。Answer the questions according to the text.

    （1）他们一共点了几个菜？

    （2）他们点了什么素菜？什么肉菜？

    （3）主食点什么了？为什么？

    （4）他们花了多少钱？

2. 根据课文内容，用括号里的词语或结构回答。Use the following patterns or words to answer the questions according to the text.

    （1）日本豆腐来自日本，对吗？荷兰豆呢？（……的）

    （2）马克喜欢什么口味的菜？莉莉和金志英呢？（……的）

    （3）他们点了什么喝的？为什么？（a 比 b+Adj）

    （4）他们点的肉菜多还是素菜多？（a 比 b+Adj）

    （5）莉莉喜欢吃什么菜？金志英呢？（最）

3. 说说李老师和同学们点的菜是什么味道的。你知道里面有什么材料吗？ Describe the flavor of the dishes Ms. Li and the students ordered. Do you know what ingredients are in the dishes?

第五部分　综合表达训练

1. 读读下表中的词语并和你的同桌互相问问题。Read the following words and ask your deskmate questions according to the example.

   例：中国菜好吃吗？你最想去（中国）什么地方？

中国	你同桌的国家	Adj/V [心理]	不太	有点儿	很	非常	最
东西（吃的、穿的、用的……）		贵					
		便宜					
菜		辣					
		好吃					
人		忙 (máng, busy)					
		漂亮、帅					
地方		想去					

2. 了解三位同学的情况，填写下表，然后和你的同桌互相提问。Survey three classmates, then fill in the following form based on their answers. After that, ask your deskmate questions according to the example.

   例：谁家人口最多？谁起床最早/晚？谁会说的语言最多？

	A	B	C
几口人			
几个中国朋友			
一般几点起床			

第6课

	A	B	C
几点睡觉			
年龄（niánlíng, age）			
会说几种语言（yǔyán, language）			
写两个汉字			

3. 比一比，说一说。**Compare and speak.**

（1）比一比小林饭店和阿金饭店的菜。Compare the dishes at Xiaolin Restaurant and Ajin Restaurant.

例：阿金饭店的菜比小林饭店的多，也比小林饭店的贵。

小林饭店

土豆丝 7 元
西红柿炒鸡蛋 8 元
土豆烧牛肉（tǔdòu shāo niúròu, braised beef with potato）38 元
宫保鸡丁 15 元
鱼香肉丝 16 元
糖醋鱼 25 元
辣子鸡 20 元

饺子 2.8 元 / 两
米饭 1 元 / 碗
肉包子 1.5 元 / 个
素包子 1 元 / 个

酸辣汤（tāng, soup）10 元

阿金饭店

热菜	主食
土豆丝 12 元	米饭 2 元 / 碗
土豆烧牛肉 45 元	饺子 3.6 元 / 两
西红柿炒鸡蛋 15 元	酸辣面 10 元 / 碗
辣子鸡丁 25 元	
糖醋鱼 38 元	**汤**
松仁玉米 22 元	鸡蛋汤 12 元
鱼香肉丝 22 元	酸辣汤 15 元
香辣羊肉 55 元	

厨师（chúshī, chef）来自四川

（2）和你的同桌商量一下去哪家饭店吃饭。Discuss which restaurant you would like to eat at with your deskmate.

贵　　便宜　　远　　近　　好吃　　不太　　比
想　　喜欢　　辣　　好不好　　的　　太……了

4. 活动与写作 Activities and writing exercises

（1）3—4人一组，准备一张菜单并点菜，价钱不超过100元。In groups of three or four, prepare a menu and order foods without going over 100 yuan.

（2）介绍一次成功的点菜经历。Discuss a time when you successfully ordered food.

例：我有时候去……吃饭，有时候去……吃饭，我最喜欢去……
……（昨天/上个星期……）我去……吃饭了，我点了……

第六部分　文化读本

你想吃哪种

丈夫下班回家，问妻子："今天有什么好吃的？"妻子说："我做了很多你喜欢吃的！有香辣牛肉、香菇豆腐、鲜虾青菜、西红柿鸡蛋、辣白菜……"丈夫听了非常高兴，说："你太好了！"妻子说："这么多口味的方便面，你想吃哪种呢？"

1	下班	xiàbān	to get off work
2	香菇	xiānggū	mushroom
3	鲜虾	xiānxiā	fresh shrimp
4	青菜	qīngcài	green vegetables

5	白菜	báicài	Chinese cabbage
6	这么	zhème	so, such
7	口味	kǒuwèi	taste, flavor
8	方便面	fāngbiànmiàn	instant noodles

你知道妻子说的那些菜吗？这些菜是用什么做的？辣不辣？填一填下表。Do you know the dishes that the wife is talking about? What ingredients are used to make them? Are they

spicy? Fill in the following chart.

菜名	材料 (cáiliào, ingredients)	辣	不辣
香辣牛肉 (spicy beef)			
香菇豆腐 (mushroom and tofu)			
鲜虾青菜 (shrimp and vegetables)			
西红柿鸡蛋 (scrambled eggs with tomatoes)			
辣白菜 (spicy cabbage)			

第 7 课

你怎么去的

基本功能项及内容

	功能项	本课表达	基本结构	举例
1	叙述 Narration	经历的事情 Describing something that one has done or experienced	V+过（+N）	你以前学过汉语吗？
		某一结果在短时内出现 Stating that a resolution will occur in a short amount of time	[短时]+就+V（+了）	我一会儿就写完了。
2	询问 Asking questions	已知过去事件发生的某个方面 Asking about certain aspects of an event that has already occurred - 时间 Time - 地点 Place - 方式（工具、形式、同行人等）Method (instrument, form, companions, etc.)	（是）+什么时候+V+的？ （是）+在哪儿+V+的？ （是）+怎么+V+的？ （是）+跟/和谁+V+的？	你什么时候学的？ 你们在哪儿看的？ 你怎么去的？ 这次你是跟谁去的？
		动作经历的时间段 Asking about the length of time an action has occurred	V+过+多长时间（+N）？	你学过多长时间汉语？
		动作完成的时间段 Asking about the amount of time taken to complete an action	V+了+多长时间（+N）？	你开了多长时间？

	功能项	本课表达	基本结构	举例
3	说明 Explanation	已知过去事件发生的某个方面 Explaining certain aspects of an event that has already occurred - 时间 Time - 地点 Place - 方式（工具、形式、同行人等）Method (instrument, form, companions, etc.)	（是）+[时间]+V+的 （是）+在+[地点]+V+的 （是）+V+[交通工具]+来/去+的 （是）+跟/和+[人]（+一起）+V+的	我（是）两年前学的。 我（是）在上海学的。 我亲戚开车去的。 阿里跟杰希一起练的。
		动作经历的时间段 Describing the length of time that an action has occurred over	V+过+[时间段]（+N）	金志英学过三个月（汉语）。
		动作完成的时间段 Describing the amount of time taken to complete an action	V+了+[时间段]（+N）	我开了半个小时(车)。

第一部分 语音和汉字

一、句重音 Sentence stress

> 在口语中，为了引起听者注意，突出表达的重点，常常会把某个成分说得重一些，这就是句重音。
>
> In spoken Chinese, it is common to stress some words in order to get the listener's attention

or to draw focus on a key point. This is known as "sentence stress".

句重音常常有对比性，表示是这个，不是那个或别的。

Sentence stress is often used to create contrast by emphasizing that something is one thing and not another.

例：（1）我周末去北京。(有人以为是周四 If someone mistakenly believes the speaker is referring to Thursday)

（2）我周末去北京。(有人以为是去别的地方 If someone mistakenly believes the speaker is going to a different place)

（3）你也不去，我也不去，谁去呢?（"你""我"对举 Combined emphasis of "you" and "me"）

根据括号中的问题读句子。Read the sentences aloud based on the questions in parentheses.

（1）她的口语真好！（她的口语怎么样？）

（2）我的旗袍是在大胡同买的。（你的旗袍在哪儿买的？）

（3）我们周末去广州了。（你们周末去哪儿了？）

（4）不是，我们自己开车去的。（你们坐飞机去的吗？）

（5）我们开了十五个小时。（你们开了多长时间车？）

二、汉字 Chinese Characters

1. 形声字 Phonographic characters

汉字中 80% 以上是形声造字。形声字由形旁和声旁两部分组成，声旁 (phonetic) 可以表示一定的读音，形旁 (semantic) 可以表示一定的意义。

Approximately 80% of Chinese characters are phonograms. These characters consist of two main components, one phonetic and one semantic. The phonetic component indicates how the character should be pronounced, while the semantic component indicates its meaning.

例如，"饭"字中，"饣"是"食"的变体，是形旁，"反"是声旁；

In "饭"，"饣" is a variant form of "食" that indicates the character's meaning, while "反" indicates the character's pronunciation.

"问"字中，"口"是形旁，"门"是声旁；

In "问"，"口" indicates the meaning, while "门" indicates the pronunciation.

> "期"字中,"其"是声旁,"月"是形旁,表示和日期有关。
>
> In "期", "其" indicates the pronunciation, while "月" indicates the meaning and suggests that the character is related to date.

读一读,猜一猜。Read and guess.

(1) 有水又有气:_____ (2) 十个人:_____

(3) 一个人站在门外:_____ (4) 不是木头的:_____

(5) 票在水上:_____ (6) 昨日换(huàn, to change)人:_____

2. 常用的偏旁 Commonly used character components

	名称 Name	意义 Meaning	例字 Example
饣	shízìpáng 食字旁	一般和饮食有关,在字的左边,"食"一般写作"饣"。(Usually related to food and drink. When it appears as the left portion of a character, "食" is usually written as "饣".)	饭、饱
讠	yánzìpáng 言字旁	一般与说话有关。(Usually related to speaking.)	请、谢、语
木	mùzìpáng 木字旁	和树木、木材有关,位置比较灵活。(Related to trees or wood. Its place in a character is fairly flexible.)	杯、机、桌
扌	tíshǒupáng 提手旁	和手或手的动作有关。(Related to hands or hand movement.)	打、接、找

写一写。Write the characters.

bǎo 饣饱 to be full

饱 饱 饱

xiè 讠谢谢 to thank

谢 谢 谢

bēi 木杯 cup

杯 杯 杯

jiē 扌接 to meet

接 接 接

第 7 课　　145

第二部分　课前热身

1. 读读下面的词语。Read the following words aloud.

2. 读读下面的句子。Read the following sentences aloud.

（1）A: Nǐ yǐqián xuéguo Hànyǔ ma?
    你 以 前 学 过 汉 语 吗？

　　B: Xuéguo, liǎng nián qián zài Hánguó xué de.
    学 过，两 年 前 在 韩 国 学 的。

（2）Nǐ de qípáo hěn hǎokàn, zài nǎr mǎi de?
    你 的 旗 袍 很 好 看，在 哪 儿 买 的？

（3）A: Nǐ zěnme qù de?
    你 怎 么 去 的？

　　B: Wǒ qīnqi kāichē qù de.
    我 亲 戚 开 车 去 的。

（4）Wǒ yǐjīng liànwán tàijíquán le, gēn Jiéxī yìqǐ liàn de.
    我 已 经 练 完 太 极 拳 了，跟 杰 希 一 起 练 的。

第三部分　功能表达范例与训练

功能表达 1

学学叙述经历的事情（V+过（+N））和经历的时间段（V+过+[时间段]（+N））；已知过去事件发生的时间（（是）+什么时候+V+的？（是）+[时间]+V+的）

阿　　里： 你以前**学过**汉语吗？

金志英： **学过**。

阿　　里： **学过多长时间**？

金志英： 嗯……①，**学过三个月**。

阿　　里： **什么时候学的**？

金志英： **两年前**在韩国的学院**学的**。

① "嗯……"表示想了一下。" 嗯……" means thinking for a short time.

1	以前 前	yǐqián qián	名 名	earlier times ago, before	以前学过 两年前
2	过	guo	助	used after a verb to indicate a past action or state	学过
3	学院	xuéyuàn	名	college, institute	汉语学院

一、语言表达聚焦 Focus on expressions

1. V+过+（N）

   "过"用在动词后，表示某种行为或变化曾经发生或经历的时间。否定形式为

第 7 课

"没 +V+ 过 + （N）"。

When "过" occurs after a verb, it indicates that a certain action or change previously occurred or that something has been experienced. The negative form is "没 +V+ 过 +(N)".

例：（1）我学过汉语。 （2）我没学过日语。

用"V+过吗"问问你同桌做没做过下面这些事。Use the "V+过吗" pattern to ask your deskmate if he/she has ever done the following things.

学	去	吃	看	听
日语	长城 (Chángchéng)	饺子	中国电影	京剧（jīngjù）

2. V+ 过 + 多长时间（+N）?

询问某种行为或变化经历的时段。

Used when asking the length of time someone has engaged in a certain activity or experienced something.

V+ 过 + [时间]（+N）

说明某种行为或变化经历的时段。

Used to explain the length of time someone has engaged in a certain activity or experienced something.

3. 关于时点与时段 Points of time and intervals of time

"时点"表示时间在某个点上；"时段"表示从一个时点到另一个时点之间的时间。

"时点" expresses a certain point in time. "时段" expresses an interval of time from one point to another.

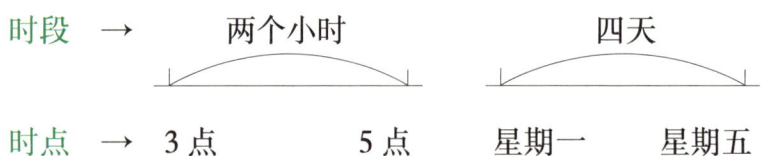

时段 → 两个小时　　　　四天

时点 → 3点　　5点　　星期一　星期五

部分常用时段的表示方式：

Some commonly used ways to express intervals of time:

年	月	星期 / 周	天	小时	分钟	学期 (xuéqī, semester)
半年	半个月			半个小时	半分钟	半个学期
一年半	一个半月		一天半	一个半小时	一分半	一个半学期
两年	两个月	四个星期 两周	十五天	八个小时	十分钟	两个学期

用"学 + 过 + 多长时间（+N）"说说马克的学习经历，然后问问你的同桌学没学过，学过多长时间。Use the "学 + 过 + 多长时间（+N）" pattern to describe Make's study experience, then ask your deskmate if he/she has studied the same things and for how long.

两年	一年半	一个半月	半个月
日语	吉他（jítā）	二胡（èrhú）	太极拳

4. （是）+ 什么时候 +V+ 的？

询问过去行为发生的时间。

Used to ask about the time at which an action occurred.

（是）+ [时间]+ V+ 的

说明过去行为发生的时间。

Used to describe the time at which an action occurred.

例：A: 你学过汉语？什么时候学的？　　B: 我两年前学的。

用"（是）+ 什么时候 +V+ 的"问问你的同桌做这些事的时间。Use the "（是）+ 什么时候 +V+ 的" pattern to ask your deskmate when he/she did the following things.

第 7 课

学	去	吃	看	听
太极拳	长城	饺子	这本书	京剧
上个月	去年	上个星期	半年前	昨天

二、交际练习 Communication practice

你已经知道你的同桌做过下面这些事情，你来了解一下他/她做这些事的时间。You already know that your deskmate has done the following things, now ask when he/she did them.

学日语（汉语/英语……）　　去北京（日本/美国……）

打太极拳　　看中国电影　　拍 (pāi, to take (a photo)) 全家福　　吃烤鸭……

功能表达 2

学说已知过去事件发生的地点（(是)+在哪儿+V+的？(是)+在+[地点]+V+的）

	Mǎkè	Wǒ zuótiān kànle yí bù gōngfu diànyǐng.
	马 克：	我 昨 天 看 了 一 部 功 夫 电 影。

Jiéxī： Zài nǎr kàn de?
杰 希： 在 哪 儿 看 的？

Mǎkè： Zài jiā kàn de. Nà gè nán yǎnyuán tài shuài le!
马 克： 在 家 看 的。那 个 男 演 员 太 帅 了！

Jiéxī： Wǒ yě xǐhuan tā.
杰 希： 我 也 喜 欢 他。

Mǎkè： Wǒ hái jiànguo tā ne.
马 克： 我 还 见 过 他 呢。

Jiéxī： Nǐ jiànguo tā? Zài nǎr jiàn de?
杰 希： 你 见 过 他？在 哪 儿 见 的？

Mǎkè： Zài diànyǐngyuàn a!
马 克： 在 电 影 院 啊！

4	部	bù	量	measure word	一部电影
5	功夫	gōngfu	名	kung fu	中国功夫
6	帅	shuài	形	handsome	太帅了
7	见	jiàn	动	to see, to meet with	见过；见朋友

一、语言表达聚焦 Focus on expressions

（是）+ 在哪儿 +V+ 的?

询问过去行为发生的地点。

Used when asking where an action occurred.

（是）+ 在 +[地点]+V+ 的

说明过去行为发生的地点。

Used to explain where an action occurred.

例：A: 你学过汉语？在哪儿学的？　　B: 在韩国学的。

看图片，说说他们做了什么，在哪儿做的。Look at the pictures, then describe what the individuals are doing and where.

用"(是)+ 在 +[地点]+V+ 的"说说你做没做过这些事，在哪儿做的。Use the "(是)+ 在 +[地点] +V+ 的" pattern to explain whether or not you have done the following things and where you did them.

学	吃	看	听
英语	烤鸭	功夫电影	京剧

二、交际练习 Communication practice

和你的同学聊聊上周末做了什么，在哪儿做的。Discuss with a classmate what you did last weekend. Where did you do it?

功能表达 3

学学说已知过去事件发生的方式（(是)+ 怎么 +V+ 的？(是)+ V+[交通工具]+ 来/去 + 的）；**叙述动作完成的时间段**（V+ 了 +[时间段]（+N））

莉　莉： Nǐ de qípáo hěn hǎokàn, zài nǎr mǎi de?
　　　　你 的 旗袍 很 好看， 在 哪儿 买 的？

金 志 英： Zài Dàhútòng mǎi de.
　　　　在 大胡同 买 的。

莉　莉： Yuǎn ma? Nǐ zěnme qù de?
　　　　远 吗？ 你 怎么 去 的？

金 志 英： Bù yuǎn, wǒ qīnqi kāichē qù de.
　　　　不 远， 我 亲戚 开车 去 的。

莉　莉： Yòngle duō cháng shíjiān?
　　　　用了 多 长 时间？

金 志 英： Yòngle bàn gè xiǎoshí. Zhè shì nǐ de bāo? Tài
　　　　用了 半 个 小时。 这 是 你 的 包？ 太
　　　　hǎokàn le! Zài nǎr mǎi de?
　　　　好看 了！ 在 哪儿 买 的？

	Lìlì	:	Zài	Měiguó	mǎi	de	.				
	莉莉	:	在	美国	买	的	。				
	Jīn Zhìyīng	:	Wǒ	kànkan	.	Á	?	Měiguó mǎi de	,	Zhōngguó zuò de	?
	金志英	:	我	看看	。	啊	？	美国买的	,	中国做的	？

[大胡同（Dàhútòng, "Big Alley" business district in Tianjin）]

8	远	yuǎn	形	far	不远
9	怎么	zěnme	代	how	怎么写；怎么去
10	亲戚	qīnqi	名	relative	
11	开车	kāichē	动	to drive	
12	做	zuò	动	to do, to make	做作业；做衣服；中国做的

一、语言表达聚焦 Focus on expressions

1. （是）+ 怎么 +V+ 的?

    询问已知过去事件发生的方式。

    Used to ask the manner in which an action occurred.

    （是）+V+[交通工具]+ 来 / 去 + 的

    说明已知过去事件发生时利用的工具、方式等。

    Used to describe the manner or means (such as mode of transportation) through which an action occurred.

    例：(1) 你（是）怎么去的? 　　(2) 我（是）开汽车去的。 　　(3) 他（是）走着来的。

开 / 坐		骑 (qí)	坐 (zuò)		
汽车		自行车 (zìxíngchē)	出租车 (chūzūchē)	火车	飞机

第 7 课　　153

说说金志英的东西在哪儿买的？她怎么去的？ Where did Jin Zhiying buy her things? How did she get there?

水果

百货大楼
(Bǎihuò Dàlóu)

王府井书店
(Wángfǔjǐng Shūdiàn)

超市

2. V+ 了 + 多长时间（+N）？

询问过去动作完成的时间段。

Used to ask about the amount of time taken to complete an action.

V+ 了 +[时间]（+N）

说明过去动作完成的时间段。

Used to describe the amount of time taken to complete an action.

例：A: 用了多长时间？　　B: 用了半个小时。

注意："V+ 过 +[时间]（+N）"表示过去动作经历过的时间段；"V+ 了 +[时间]（+N）"表示动作已完成的时间段。

Remember: "V+过+ [时间]（+N）" describes the length of time an action was undertaken. "V+了+ [时间]（+N）" describes the amount of time taken to complete an action.

例：(1) A: 他学过多长时间汉语？

　　　 B: (他) 学过半年。

　　(2) A: 你今天写了多长时间作业？

　　　 B: (我) 写了半个小时。

看图说说莉莉做什么了,用了多长时间。Look at the pictures, then describe what Lili is doing. How much time does she spend on each activity?

做作业	打太极拳	睡觉	听音乐 (yīnyuè, music)	玩
一个小时	二十分钟	八个小时	一个半小时	一天

二、交际练习 Communication practice

和你的同学聊聊他(她)的东西在哪儿买的,怎么去买的,用了多长时间。Ask your classmate where he/she bought his/her things. How did he/she get there? How long did it take him/her?

功能表达 4

学说已知过去事件发生的方式 ((是)+跟/和+谁+V+的?(是)+跟/和+[人]+V+的);叙述短时后发生的行为 ([短时]+就+V(+了))

阿里:明天有考试,我们一起写汉字吧。

马克:一共多少个汉字啊?

阿里:三十六个。

马克:三十六个啊,一会儿就写完了!

我们练太极拳吧。

阿里:我今天已经练完了,跟杰希一起练的。

	Mǎkè	:	Hǎo	ba	,	wǒmen	xiě	Hànzì	ba	.
	马 克	:	好	吧	,	我们	写	汉字	吧	。

13	一会儿	yíhuìr	数量	a little while	一会儿去；一会儿见
14	就	jiù	副	right now, at once	
15	完	wán	动	to be finished, to be over	

一、语言表达聚焦 Focus on expressions

1. [短时]+ 就 +V（+ 了）

   表示某一结果在短时内出现。时间可以是过去，也可以是将来。

   Describes that a result will appear in a short period of time. The time referred to can be either past or present.

   例：（1）今天的作业很少，我二十分钟就写完了。

   （2）北京很近，坐火车半个小时就到了。

用"就 +V+ 了"完成对话。Use the "就 +V+ 了" pattern to complete the dialogue.

（1）A: 你写完汉字了吗？

   B: ＿＿＿＿＿＿＿＿＿＿＿＿＿。（一会儿）

（2）A: 你什么时候练完太极拳？

   B: ＿＿＿＿＿＿＿＿＿＿＿＿＿。（十五分钟）

（3）A: 你多长时间看完这几本书？

   B: ＿＿＿＿＿＿＿＿＿＿＿＿＿。（一个星期）

（4）A: 北京远吗？

   B: 不远，＿＿＿＿＿＿＿＿＿＿＿＿＿。（半个小时）

（5）A: 今天的作业多吗？

   B: 不多，＿＿＿＿＿＿＿＿＿＿＿＿＿。（二十分钟）

2. （是）+ 跟 / 和 + 谁（+ 一起）+V+ 的？

   询问已知过去事件发生的方式，强调行为的共同参与者。

   Used when asking someone if anyone else participated in or accompanied the speaker during an event or action.

（是）+ 跟 / 和 +[人]（+ 一起）+V+ 的

说明已知过去事件发生的方式，强调行为的共同参与者。

Used to describe that other people participated in or accompanied the speaker during an event or action.

例：（1）你去上海了？（是）跟谁一起去的？

（2）阿里刚才练太极拳了，他（是）和马克一起练的。

用"（是）跟 / 和 +[人]（+ 一起）V+ 的"回答问题。Use the "（是）跟 / 和 +[人](+ 一起) V+ 的" pattern to answer the questions.

（1）昨天你看电影了吗？跟谁一起看的？

（2）你和谁一起来中国的？

（3）上个星期你听京剧了吗？和谁一起听的？

（4）今天中午你是一个人吃的午饭吗？

（5）上周末你逛街了吗？和谁一起逛的？

二、交际练习 Communication practice

和你的同学聊聊昨天做了什么事，跟谁一起做的，用了多长时间。Ask your classmate what he/she did yesterday. Who was with him/her? How long did it take?

第四部分　课文

莉莉：这是我在北京拍的照片。
(Lìli: Zhè shì wǒ zài Běijīng pāi de zhàopiàn.)

何大华：你是第一次去北京吗？
(Hé Dàhuá: Nǐ shì dì-yī cì qù Běijīng ma?)

| 16 | 拍 | pāi | 动 | to take (a photo) | 拍照片 |

莉莉：不是，第一次是十年前跟爸爸一起去的。

何大华：这次是跟谁去的？

莉莉：这次啊，我是一个人坐动车去的。

何大华：坐动车非常方便啊。

莉莉：是啊，从天津坐车半小时就到了。

何大华：这些照片是我在三亚拍的。

马克：啊！？你去过三亚？我一直想去呢！你怎么去的？

何大华：坐飞机去的。

17	动车	dòngchē	名	multiple unit train in China	坐动车
18	从	cóng	介	from	从家走；从这儿
19	一直	yìzhí	副	always	我一直想去三亚

马克： 飞了多长时间？
(Mǎkè: Fēile duō cháng shíjiān?)

何大华： 嗯……三个小时。你都去过哪些地方啊？
(Hé Dàhuá: Ng... sān ge xiǎoshí. Nǐ dōu qùguo nǎxiē dìfang a?)

马克： 北京、西安、哈尔滨、上海、广州，还有桂林……我都……
(Mǎkè: Běijīng, Xī'ān, Hā'ěrbīn, Shànghǎi, Guǎngzhōu, hái yǒu Guìlín... Wǒ dōu...)

何大华： 你都去过？
(Hé Dàhuá: Nǐ dōu qùguo?)

马克： 都是在梦里去的。
(Mǎkè: Dōu shì zài mèng li qù de.)

| 20 | 梦 | mèng | 名 | dream | 做梦；在梦里 |

课文综合练习 Comprehensive exercises

1. 根据课文内容判断。Judge whether the expressions are right ("√"), wrong ("✗"), or if there is not enough information provided in the text ("?").

    （1）莉莉不是第一次去北京。（   ）

    （2）莉莉十年前跟爸爸一起去过北京。（   ）

    （3）莉莉这次去北京是和朋友一起去的。（   ）

    （4）坐动车去北京很方便，一个小时就到了。（   ）

    （5）何大华去过三亚，坐动车去的。（   ）

    （6）马克去过很多地方。（   ）

2. 根据课文内容回答问题，注意用上所给的结构。Answer the questions according to the text. Be sure to use the provided patterns.

    （1）何大华去过什么地方？马克呢？（V+过）

（2）莉莉的照片在哪儿拍的？（V+ 的）

（3）何大华的照片在哪儿拍的？他怎么去那儿的？（V+ 的）

（4）从天津去北京方便吗？（就……了）

3. 根据课文内容填空。Fill in the blanks according to the text.

　　莉莉、何大华、马克三人一起聊旅游。莉莉说她_____北京，第一次是_____，这次是_____，动车很_____，_____到了。何大华说他_____三亚，是_____，飞机飞_____。马克说他_____北京、上海等很多地方，哈哈哈，他是在_____去的。

第五部分　综合表达训练

1. 读一读，选一选。Read the questions, then match them with the appropriate response.

A. 我学过六个月。	D. 学过。
B. 不太远。	E. 去过，我坐动车去的。
C. 我跟朋友一起去的。	F. 我在韩国的学院学的。

例：你以前学过汉语吗？	(D)
（1）你学过多长时间汉语？	( )
（2）你在哪儿学的？	( )
（3）大胡同远吗？	( )
（4）你去过北京吗？怎么去的？	( )
（5）你跟谁一起去的？	( )

2. 选择"过""的""了"填空。Fill in the blanks using "过""的" or "了".

   （1）A：马克去哪儿了？　　　B：他去北京____。

   　　A：你去____北京吗？　　B：我没去____，我打算下周去。

   （2）莉莉以前去____北京，上周末又去____一趟，一个人坐动车去____。

   （3）A：你以前学____日语吗？　B：学____半年。

   　　A：在哪儿学____？　　　　B：在日本学____。

（4）今天的作业不多，半个小时就写完____。

（5）A：你去____三亚吗？　　　B：去____。

　　　A：你怎么去____？　　　　B：我坐飞机去____。

　　　A：用____多长时间？　　　B：用____三个小时。

3. 小调查 Surveys

（1）就下面的问题问三个中国人并填表。Ask three Chinese people the following questions and fill in the chart.

	A	B	C
在哪儿出生(chūshēng, to be born)的？ 哪年出生的？			
去过哪儿？			
跟谁一起去的？			
怎么去的？			
用了多长时间？			

（2）就下面的问题问三个同学并填表。Ask three of your classmates the following questions and fill in the chart.

	（1）什么时候来中国的？ 和谁一起来的？ 怎么来的？	（2）学过汉语吗？ 在哪儿学的？ 学过多长时间？	（3）看过中国电影吗？ 什么时候看的？ 在哪儿看的？
A			
B			
C			
	（4）听过京剧吗？ 什么时候听的？ 听了多长时间？	（5）吃过烤鸭吗？ 什么时候吃的？ 在哪儿吃的？	（6）买过什么东西？ 在哪儿买的？ 和谁一起去买的？
A			
B			
C			

4. 说一说你来中国以后经历的三件事（什么时候来的，来了多长时间，做过的事情，在哪儿做的，怎么做的等），再写下来。Speak and write: Describe three things you have experienced since coming to China (when you came to China, how long you have been in China, what things you have done, where you did them, how you did them, etc.).

第六部分 文化读本

不到长城非好汉

中国人常说："不到长城非好汉。"马克以前只听说过长城，但没有去过。昨天，他终于去了长城。他是和朋友们一起开车去的，开了三个小时就到了。马克拍了很多照片，都是在长城上拍的。马克很高兴，他说自己已经是"好汉"了！

1	非	fēi	not
2	好汉	hǎohàn	brave man

3	终于	zhōngyú	finally

想一想：为什么马克说自己已经是"好汉"了？ Think: Why does Make say that he is already a "brave man"?

第一部分中"猜一猜"练习的谜底：
（1）汽　（2）什　（3）们　（4）杯　（5）漂　（6）作
你猜对了吗？

第8课

今天比昨天冷多了

第8课　163

基本功能项及内容

	功能项	本课表达	基本结构	举例
1	询问 Asking questions	问天气、气候状况 Asking about the weather or climate	[季节/天气] + 怎么样？	明天天气怎么样？
2	描述 Description	天气、气候状况 Describing the weather or climate	[季节/天气] + （副）+ Adj/VP 挺 + Adj + 的	春天很暖和。 今天挺凉快的。
3	说明 Explanation	气温情况 Describing the temperature	（最高/最低）气温（是）+ 数 + 度	最高气温十度。
4	比较 Comparison	a、b 相差的程度 Describing a difference in level between "a" and "b"	a 比 b + Adj + [数量]	这儿比肯尼亚凉快多了。
		表示 a 的程度已高，b 的程度超过了 a Describing that the level of "b" surpasses the already high level of "a"	（a+ Adj,) b+ 更 + Adj	今天三十五度，明天更热，三十七度。
		a、b 的异和同 Describing that "a" and "b" are the same or different	a 跟 b 一样（，也/都……） a 跟 b 不一样(，a……，b……)	我跟你一样，也喜欢春天。 这里跟那里不一样。
5	叙述 Narration	出现的新情况 Describing that a new development has occurred	V/ Adj /N+ 了	下雨了/天凉了/晴天了。
		即将出现的变化 Describing that a change will occur soon	快 + V/ Adj/N+ 了	快下雨了/天快凉了。

	功能项	本课表达	基本结构	举例
5	叙述 Narration	再次发生的事 Describing that a situation has reoccurred	又 +V+ 了	又刮风了。
		动作状态的持续 Describing that an action is continuous	V+ 着（+N）（呢）	外面下着雨呢。
		动作的进行 Describing that an action is underway	在 +V（+N） 正 +VP+ 呢	上午一直在下雨。 外面正下雨呢。
6	表数 Numbers	表示概数 Approximating	[相邻数字连用]+量	冬天零下三十五六度。
			数（量）+ 左右	明天三十度左右。

第一部分　语音和汉字

一、升降调 Rising and falling intonation

汉语句子的语调有两种：升调和降调。升调的句子一般是疑问句，表询问或怀疑；降调的句子一般是陈述句和感叹句，用来陈述事实或表达情感。疑问句中如果有疑问词或其他疑问形式，也可读作降调。

Chinese sentences have two types of intonation: rising and falling. Rising intonation is usually found in interrogative sentences, when the speaker is asking a question or expressing doubt. Falling intonation is usually found in declarative or exclamatory sentences, when the speaker is starting a fact or expressing emotion. When an interrogative sentence contains a question word or other similar interrogative form, it can also be spoken with falling intonation.

例：(1) 他是大学生。↘　　他是大学生？↗

(2) 您家有几口人？↘　　您家有五口人？↗

(3) 你有没有中国朋友？↘　　你没有中国朋友？↗

📝 读读下面的句子。Read the following sentences aloud.

(1) 那个人太帅了！　　这件衣服太好看了！

(2) 你也认识马克？　　你见过他？　　你也在这儿吃早饭？

(3) 你是新生吗？　　去学校西门那家饭馆儿吃，好吗？

(4) 我是美国人，你呢？　　我不吃香菜，你们呢？

(5) 您要素的还是肉的？　　请问，有没有本子？　　我们八点上课还是八点半上课？

(6) 你是哪国人？　　他今年多大年纪了？　　宫保鸡丁是什么味道的？

📝 读一读，猜一猜。Read and guess.

一片两片三四片，五六七八九十片，

千片万片无数 (wúshù, countless) 片，飞入 (fēirù, to fly into) 水中都不见。

二、汉字 Chinese characters

1. 认一认，写一写。Identify and write.

怕（怕冷）— 拍（拍照）　刮（刮风）— 适（合适）　两（两个）— 雨（下雨）

李（姓李）— 季（四季）　冷（很冷）— 零（零下）　云（白云）— 元（美元）

忘（忘记）— 怎（怎么）　期（星期）— 旗（旗袍）　第（第一）— 弟（表弟）

怕	拍	刮	适	两	雨
李	季	冷	零	云	元
忘	怎	期	旗	第	弟

2. 常用的偏旁 Commonly used character components

	名称 Name	意义 Meaning	例字 Example
日	rìzìpáng 日 字 旁	一般和太阳、时间等有关。(Usually related to the sun.)	晚、春、暖

	名称 Name	意义 Meaning	例字 Example
冫	liǎngdiǎnshuǐ 两 点 水	一般在字的左边，和寒冷的意思有关。(Usually found on the left side of a character. Related to cold.)	冷、凉、冬
火	huǒzìpáng 火 字 旁	一般在字的左边，和火有关。(Usually found on the left side of a character. Related to fire.)	灯、烧、炒
灬	huǒzìdǐ 火 字 底	"灬"是"火"的变体，在字的下边。(Also related to fire. It is a variant form of "火", that is written as "灬" when placed at the bottom of a character.)	热、照、点

✎ 写一写。Write the characters.

nuǎn 日暖 warm

lěng 冫冷 cold

chǎo 火炒 to stir-fry

rè 灬热 hot

热 热 热

第二部分　课前热身

1. 读读下面的词语。Read the following words and phrases aloud.

　　chūntiān　　　　xiàtiān　　　　qiūtiān　　　　dōngtiān
　　春 天　　　　　夏 天　　　　　秋 天　　　　　冬 天

guā fēng	xià yǔ	rè	lěng
刮风	下雨	热	冷

2. 读读下面的句子。Read the following sentences aloud.

（1）Míngtiān tiānqì zěnmeyàng?
明天天气怎么样？

（2）Wòtàihuá dōngtiān zuì dī qìwēn líng xià sānshíwǔ-liù dù.
渥太华冬天最低气温零下三十五六度。

（3）Wǒ gēn nǐ yíyàng, yě xǐhuan chūntiān.
我跟你一样，也喜欢春天。

（4）Zhèr bǐ Kěnníyà liángkuai duō le.
这儿比肯尼亚凉快多了。

（5）Wǒ hé Mǎkè zhèng liàn tàijíquán ne.
我和马克正练太极拳呢。

第三部分　功能表达范例与训练

功能表达 1

学学说天气和气温；叙述再次发生的事（又+V+了）

Píngtián: Yòu guā fēng le.
平　田：又刮风了。

Jīn Zhìyīng: Ǹg, tǐng liángkuai de!
金志英：嗯，挺凉快的！

Píngtián: Liángkuai? Wǒ juéde hěn lěng. Míngtiān tiānqì zěnmeyàng?
平　田：凉快？我觉得很冷。明天天气怎么样？

	Jīn		Zhìyīng	:	Wǒ	kànkan	,	ā	,	zuì	gāo	qìwēn	shí	dù	.
	金	志	英	：	我	看看	，	啊	，	最	高	气 温	十	度	。

	Píngtián			:	Zhǐ	yǒu	shí	dù	?	Tài	lěng	le	!
	平	田		：	只	有	十	度	？	太	冷	了	！

1	又	yòu	副	again	又买衣服了
2	刮风 刮 风	guā fēng guā fēng	动 名	to blow a gust of wind to blow wind	刮大风 大风
3	挺	tǐng	副	very, quite, rather	挺好的；挺高的
4	凉快	liángkuai	形	cool	很凉快；不凉快
5	冷	lěng	形	cold	很冷；非常冷；不冷
6	天气	tiānqì	名	weather	好天气；坏天气
7	高	gāo	形	high	高温；很高
8	气温	qìwēn	名	temperature	气温很高
9	度	dù	量	measure word for temperature, degree	十度
10	只	zhǐ	副	only, merely	只去过一次；只有

一、语言表达聚焦 Focus on expressions

1. 又

   表示重复，一般用于已经发生了的事情。常见格式有"又+V（+N）+了"和"又+V+了+数量（+N）"。

   Indicates repetition, usually of events that have already occurred. Frequently encountered forms include " 又 +V(+N)+ 了 " and " 又 +V+ 了 +数量 (+N)".

   例：(1) 他昨天去超市买了很多东西，今天又去了。

   （2）他刚才又写了一遍汉字。

   注意："再"也表示重复，但一般用于还没有发生的事情。

   Remember: " 再 " also indicates repetition, but is usually used for situations that have not yet occurred.

例：（1）再说一遍。（还没有重复说 Repetition has not yet occurred）

（2）又说了一遍。（已经重复说了 Repetition has already occurred）

用"又"说一说。Say a few sentences using "又".

（1）刮风	（2）下雨 (xià yǔ)	（3）下雪 (xià xuě)	（4）下雾 (xià wù)
昨天　今天	昨天中午　今天晚上	昨天晚上　今天晚上	上周三　这周二
（5）喝	（6）买	（7）去	（8）打
早饭后　午饭后	上周　这周	上午　刚才	上课以前　上课以后

2. 挺 +Adj+ 的

表示程度比较高，常跟"的"一起使用。

Indicates that the adjective is to a rather high degree. It is often paired with "的".

例：（1）中国的菜名挺有意思的。　（2）莉莉挺漂亮的。

用"挺 +Adj+ 的"写一写。Fill in the blanks using "挺 +Adj+ 的".

（1）这件 T 恤 20 块钱，_____。（便宜）

（2）最近 (zuìjìn, recently) 常常下雨，_____。（凉快；舒服）

（3）汉语有点儿难 (nán, difficult)，可_____。（有意思）

（4）这个大学_____，中国人一般都知道。（有名）

（5）朱迪的妈妈_____，今年才 (cái, only) 38 岁。（年轻）

3. 最高气温 / 最低气温

指某地一天或一个季节空气的最高和最低温度。

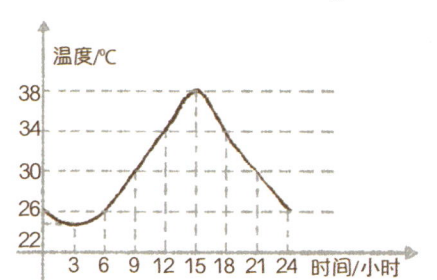

Indicates a certain area's high and low temperatures for a day or season.

例：今天的最高气温 38 度，
最低气温 22 度。

☑ 说一说下面这些城市 7 月 24 日的最高气温和最低气温。Describe the high and low temperatures of the following cities for July 24th.

北京 30℃ /25℃　　　上海 33℃ /28℃　　　广州 34℃ /26℃　　　哈尔滨 26℃ /15℃

二、交际练习 Communication practice

和你的同桌说说 10 月 1 号到 10 月 7 号的天气。With your deskmate, talk about the weather from October 1st to October 7th.

阴（yīn, overcast）　　晴（qíng, sunny）　　多云（duōyún, cloudy）　　最高/低（dī, low）气温

例：10 月 1 号是阴天，最低气温 12 度，最高气温 22 度。

10 月 5 号多云，最低气温 7 度，最高气温 27 度。

10月01日（周二）	10月02日（周三）	10月03日（周四）	10月04日（周五）	10月05日（周六）	10月06日（周日）	10月07日（周一）
阴 12℃/22℃	晴 13℃/23℃	小雨 13℃/22℃	晴 15℃/22℃	多云 7℃/27℃	晴 11℃/27℃	阴 13℃/20℃

功能表达 2

学学表示 a 的程度已高，b 的程度超过了 a（(a+Adj/V,) b+ 更 +Adj/V）；
叙述即将出现的变化（快 +V/Adj/N+ 了）；表概数（数（量）+ 左右）

第 8 课

莉莉：今天三十五度，明天**更热**，三十七度！

金志英：**最近**太热了！什么时候下雨啊？

莉莉：**快下了**，天气预报说周末有雨。

金志英：太好了！下雨以后就凉快了吧？

莉莉：我再看看预报，嗯，周六日都是三十度**左右**。

11	更	gèng	副	more	明天更热
12	热	rè	形	hot	很热；非常热；太热了
13	最近	zuìjìn	名	recently	
14	下雨	xià yǔ		to rain	下大雨；下小雨
	下	xià	动	(of rain, snow, etc.) to fall	
15	快	kuài	副	will, be going to	快下课了；快十二点了
16	预报	yùbào	动/名	to forecast/forecast	天气预报
17	以后	yǐhòu	名	later	下课以后；以后不去了
18	左右	zuǒyòu	名	about, approximately	三十左右；十度左右

一、语言表达聚焦 Focus on expressions

1. 快 + V/Adj/N+ 了

   表示将发生或出现的变化。

   Expresses that a change will soon occur.

   例：(1) 快下课了。　(2) 天气快热了。　(3) 快12点了。

172　Lesson 8

看图，用"快+V/N+了"写一写。Look at the pictures, then write down what you see using "快+V/N+了".

（1）　　　　（2）　　　　（3）　　　　（4）　　　　（5）

8:57　　　　　　　　　　凉

（1）桃花_____，春天_____。

（2）天阴了，_____。

（3）现在_____，商店_____。

（4）1月30号放假，今天1月27号，_____。

（5）吃饭吧，_____。

2. 以后 / 以前

是方位名词，可以单用，分别表未来时间和过去时间。

"以后" and "以前" are positional nouns that can be used individually to describe the future and the past.

例：(1) 我以后想在中国工作。　(2) 我以前在美国学过汉语。

也可用在别的词语后，构成"～以后 / ～以前"或"～后 / ～前"形式，表示所指事情前后的时间。

They also can be used after verbs (or verb phrases) or time words in such structures as "～以后 / ～以前" or "～后 / ～前" to indicate a specific time before or after an action or event.

例：(1) 我们一个月以后考试。　(2) 我每天睡觉（以）前都洗澡。

用"(……) 以前 / 以后"写一写。Complete the sentences using "(……) 以前 / 以后."

（1）来中国_____我没用过筷子，来中国_____我常常用筷子。

（2）我打算_____（2028年）回国，_____我想继续 (jìxù, to continue) 学汉语。

（3）_____我不喜欢吃辣的，现在很喜欢吃。

（4）我打算_____在中国工作。

第 8 课

3. 数（量）+左右

表概数。数在十以下时，要用"数量+左右"的形式。

Used to express an approximation or guess. If the number is below 10, the structure "数量+左右" is used.

例：五块左右。　十岁左右。

数在十以上，尤其是零结尾的数，量词有时可省，用"数（+量）+左右"的形式。

If the number is above 10, and in particular if it ends in a zero, the measure word can often be omitted as in the structure "数（+量）+左右".

例：二十左右。　一米（mǐ, meter）六左右。

✏️ 看图，用"左右"写一写。Look at the pictures, then write down what you see using "左右".

(1)   (2)   (3)   (4)   (5)   (6)

（1）爸爸今年_____，女儿_____。

（2）他们班学生不多，有_____。

（3）春天一般_____。

（4）阿里每天都学汉语，学_____。

（5）她们都在航空（hángkōng, airline）公司工作，身高（height of a person）都是_____。

（6）小饭店一碗面条儿一般_____。

4. (a+Adj,) b+更+Adj

表示 a 的程度已高，b 的程度超过了 a。也可说"b 比 a + 更 +Adj"。

Describes that "a" is already of a high level, yet "b" is of an even higher level. Can also be structured as "b 比 a + 更 + Adj".

例：(姐姐很漂亮,) 妹妹更漂亮。/ 妹妹比姐姐更漂亮。

📝 看图填空。Look at the pictures, then fill in the blanks.

（1）火车很快，飞机_____。

（2）南开大学很有名，_____。

（3）今天的苹果很便宜，十块钱三斤，_____，两块五一斤。

（4）我一般 6:30 起床，我的同屋_____，每天 6:00 就起来（to get up）了。

二、交际练习 Communication Practice

查看一下你所在的城市最近一周的天气情况并和你的同桌说一说。Check the weather for the past week in the city where you live and share with your deskmate.

功能表达 3

学学比较 a、b 的异同（a 跟 b+（不）一样）**和相差的程度**（a 比 b+Adj+[数量]）；**表概数**（[相邻数字连用]+量）

马克： Jīntiān tài rè le! Ālǐ, Nǐ bú pà rè?
今天太热了！阿里，你不怕热？

阿里：（笑 Laughing）Bú pà, Kěnníyà bǐ zhèr rè duō le.
不怕，肯尼亚比这儿热多了。

马克： Wǒ bù xǐhuan xiàtiān, xiàtiān tài rè le. Wǒ xǐhuan chūntiān.
我不喜欢夏天，夏天太热了。我喜欢春天。

阿里： Wǒ gēn nǐ yíyàng, yě xǐhuan chūntiān, kě zhèr de chūntiān zhǐ yǒu yī-liǎng gè yuè.
我跟你一样，也喜欢春天，可这儿的春天只有一两个月。

第 8 课　　175

马克：Shì a, tài duǎn le.
是啊，太短了。

19	怕	pà	动	to be afraid of	怕冷；怕考试
20	夏天	xiàtiān	名	summer	夏天来了
21	春天	chūntiān	名	spring	春天快到了
22	一样	yíyàng	形	same	跟春天一样；一样的时间
23	短	duǎn	形	short	很短；短时间

一、语言表达聚焦 Focus on expressions

1. a+ 跟 +b（ + 不 ）+ 一样

   表示 a、b 的异和同。

   Used to express that "a" and "b" are either the same or different.

   "跟……（不）一样" 后面常有具体说明，构成 "a 跟 b+ 一样（，也 / 都……）" 或 "a 跟 b+ 不一样，（a……，b……/b……，a……）" 的形式。

   "跟……（不）一样" is often followed by a specific explanation of the similarity or difference, such as in the structure "a 跟 b+一样（,也/都……）" or "a 跟 b+不一样，（a……，b……/b……，a……）".

   例：(1) 阿里跟马克一样，也喜欢打太极拳。

   （2）我和你不一样，你喜欢吃辣的，我不喜欢吃辣的。

用 "a+ 跟 +b+（不）一样" 说一说，写一写。Speak and write some sentences using the "a+ 跟 / 和 +b+(不) 一样" pattern.

 韩国菜  日本菜 | 新生 | 旧 (jiù, old) 新  |  经济　汉语

2. a 比 b+Adj+ 多了 / 一点儿 / [数量]

如果 a、b 差别不大用"一点儿",差别大用"多了",如果 Adj 是可以量化的,也可说具体的数量。

If the difference between "a" and "b" is small, use "一点儿".
If the difference is large, use "多了". If the adjective is countable, one can also state the specific amount or number.

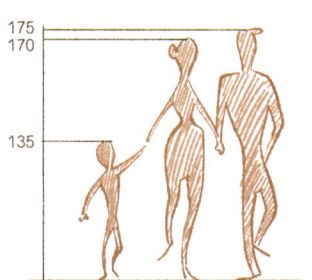

例:(1)爸爸比妈妈高一点儿,比孩子高多了。

(2)爸爸比妈妈高 5 厘米 (límǐ, a centimetre),比孩子高 40 厘米。

用"a 比 b+ Adj + 多了 / 一点儿 / [数量]"写一写。Fill in the blanks using the "a 比 b+ Adj + 多了 / 一点儿 / [数量]" pattern.

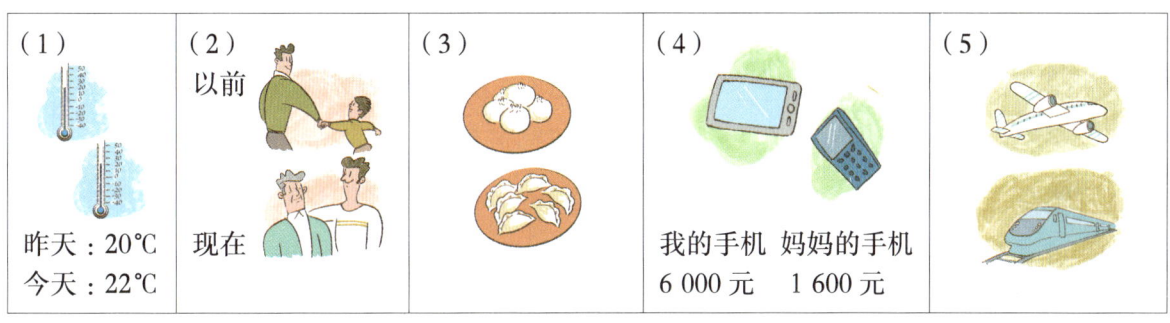

(1)昨天 20 度,今天 22 度,今天比昨天_____。

(2)以前爸爸比儿子_____,现在_____。

(3)包子比饺子_____。

(4)我的手机比妈妈的_____。

(5)飞机比火车_____。

3. [相邻数字连用] + 量

汉语可以用相邻数字连用的方式表示概数,相连方式可以是个位,也可以是十位、百位,等等。

You can link neighboring numbers together to express an approximation in Chinese. The connected numbers can be single digits, or those in the tens, hundreds, etc..

第 8 课　　177

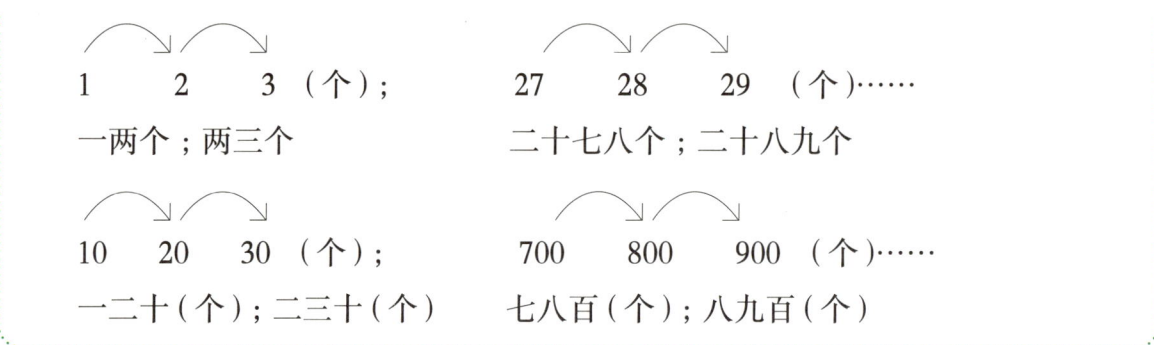

- 看图，猜猜他们多大了。Look at the pictures, then guess their ages.

（1）  （2）  （3）

（1）我觉得他_____。

（2）这两个小孩儿有_____吧。

（3）这位老爷爷有_____吧。

- 填空。Fill in the blanks.

（1）我打算在中国学_____汉语，明年或者后年回国。

（2）阿里每天写_____个汉字（10/20个），每个汉字写_____遍（4/5遍），一共写_____分钟（30/40分钟）。

（3）我 9:00 上班，下午 5:00 或者 6:00 下班，每天工作_____。

二、交际练习 Communication practice

比比你所在的城市和你的家乡春天的天气，并跟你的同桌聊一聊。Compare the spring weather in the city where you currrently live to that of your home town and share with your deskmate.

功能表达 4

学学叙述动作状态的持续（V+着（+N）（+呢））**和动作的进行**（在+V（+N）；正+VP+呢）

杰希：喂，阿里，你干什么呢？
Jiéxī: Wèi, Ālǐ, nǐ gàn shénme ne?

阿里：我和马克正练太极拳呢。你来吗？
Ālǐ: Wǒ hé Mǎkè zhèng liàn tàijíquán ne. Nǐ lái ma?

杰希：已经开始了啊？你们先练着，我
Jiéxī: Yǐjing kāishǐ le a? Nǐmen xiān liànzhe, wǒ

马上去。

阿里：行，那我们等着你，一会儿咱们一起练。对了，记得拿把伞，外面在下雨呢，雨挺大的。

杰希：好的，一会儿见。

24	呢	ne	助	used at the end of a question	
25	正	zhèng	副	used to indicate a continuous tense	
26	开始	kāishǐ	动	to begin, to start	开始上课
27	着	zhe	助	used after a verb to indicate continuous action	
28	马上	mǎshàng	副	at once, immediately	马上就到了
29	咱们	zánmen	代	we (includes the listener)	
30	记得	jìde	动	to remember	
31	拿	ná	动	to bring, to take	拿东西
32	把	bǎ	量	measure word for keys, umberllas, knives and some other assorted objects	一把伞；一把钥匙
33	伞	sǎn	名	umbrella	雨伞；打伞

一、语言表达聚焦 Focus on expressions

1. 咱们 / 我们

   "咱们"包括听说双方，多用于口语；"我们"可以包括听话人，也可不包括。

> "咱们" includes both the speaker and the listener and is frequently used in spoken Chinese.
> "我们" can also include the listener, but does not always.
>
> 例：(1) 咱们 / 我们去吃饺子吧。　　(2) 我们去吃饺子，你去不去？
>
> 　　(3) 我们 / 咱们周末一起练太极拳，好不好？

用"咱们"或"我们"写一写。Complete the sentences using "咱们" or "我们".

（1）这是_____班的书，你们不要拿。

（2）老师，_____星期三上课吗？

（3）_____打算去爬山 (shān, mountain)，你想不想去？

（4）A: 下次_____一起去吧。　　B: 没问题！

2.
> V+ 着（+N）
>
> 表动作状态的持续。"在 +V（+N）"表动作的进行。
>
> "V+ 着（+N）" expresses that an action is continuous. "在 +V(+N)" expresses that an action is in progress.
>
> 例：(1) 她戴着帽子。　　(2) 她在戴帽子。

看图，用"在+V（+N）"或"V+着（+N）"写一写。Look at the pictures, then write what you see using "在+V(+N)" or "V+着(+N)".

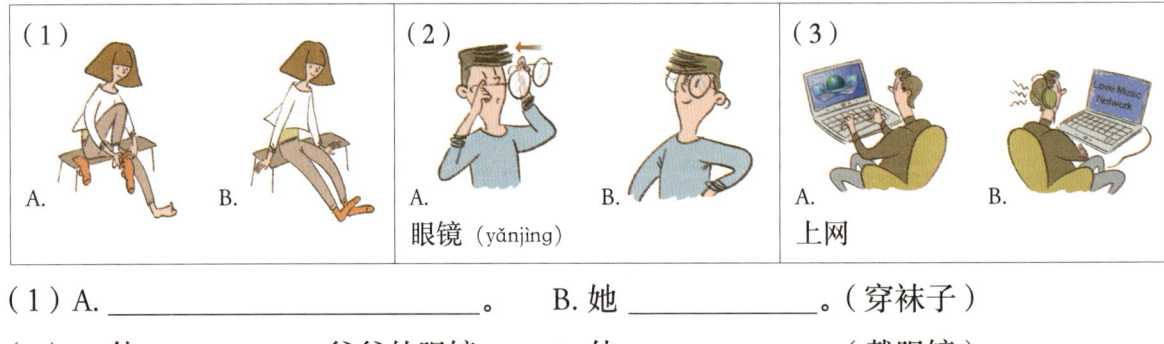

（1）A. _____。　　B. 她_____。（穿袜子）

（2）A. 他_____爸爸的眼镜。　　B. 他_____。（戴眼镜）

（3）A. 他_____。　　B. 他_____。（上网，听歌）

3.
> 正……呢 / 在
>
> 都表示动作的进行。"正……呢"表示动作在某个时间点的进行，"在"可以表示

180　　Lesson 8

动作在某个时间段的进行。

Both express an action in progress. "正……呢" expresses an action in progress at a certain point in time, while "在" can express an action in progress at a certain interval of time.

例：（1）昨天晚上十点我正写作业呢。（时间点 Point in time）

（2）去年一年朱迪都在学英语。（时间段 Interval of time）

用"正……呢"或"在"写一写。Complete the sentences using "正……呢" or "在".

（1）昨天一天都_____下雨。

（2）A: 我今天 6:30 就起床了，你呢?

B: 我啊，6:30 _____（跑步）。

（3）我睡觉的时候，外面还_____下雨。

（4）上个学期我一直_____准备 (zhǔnbèi, to prepare) HSK。

（5）A: 妈妈，有您的电话！

B: 你接 (to answer) 一下吧，我_____（做饭）。

二、交际练习 Communication practice

你了解北京和三亚的气候/天气吗？请你了解一下，然后跟你的同桌聊一聊它们一样或不一样的地方。Are you familiar with the climates of Beijing and Sanya? Look up the climates of both cities, then discuss their similarities and differences with your deskmate.

第四部分　课文

平田：我是夏天出生的，最喜欢夏天，妈妈说我出生的时候外面正下着雨呢。

| 34 | 出生 | chūshēng | 动 | to be born | 1993年出生 |

杰希：我不太喜欢夏天。朱迪，沙特的夏天是不是很热？

朱迪：嗯，中午非常热，晚上的气温比白天低十度左右吧。我喜欢沙特的冬天。

杰希：我跟你一样，也喜欢冬天。

朱迪：加拿大的冬天比这儿冷多了吧？

杰希：每个地方不一样，我是渥太华人，渥太华冬天最低气温零下三十五六度。

朱迪：沙特的冬天很暖和，常常下雨。

[渥太华 (Wòtàihuá, Ottawa)]

35	白天	báitiān	名	daytime	
36	冬天	dōngtiān	名	winter	
37	暖和	nuǎnhuo	形	warm	很暖和；不太暖和

金志英: 你们都不喜欢秋天吗？秋天很凉快，还有很多好吃的水果！

平田: 我也喜欢秋天，可我更喜欢夏天。夏天快来了，我的生日也快到了。

金志英: 夏天是我最不喜欢的季节，我最喜欢秋天。

平田: 可夏天到了，秋天也就快到了啊。

| 38 | 秋天 | qiūtiān | 名 | autumn | |
| 39 | 季节 | jìjié | 名 | season | 哪个季节；什么季节 |

课文综合练习 Comprehensive exercises

1. 根据课文内容判断。Judge whether the expressions are right ("√"), wrong ("×"), or if there is not enough information provided in the text ("?").

   （1）平田是夏天出生的，他出生的时候下着雨。（　　）

   （2）加拿大渥太华冬天最低气温零下35度。（　　）

   （3）金志英最喜欢秋天，她是秋天出生的。（　　）

   （4）朱迪喜欢北京的冬天。（　　）

2. 用括号中的词语回答。Answer using the words in parentheses.

（1）杰希喜欢哪个季节？朱迪呢？（跟……一样）

（2）沙特夏天热吗？中午和晚上都很热吗？（比，左右）

（3）平田喜欢秋天吗？（更）

（4）夏天到了吗？（快……了）

3. 根据课文内容填空。Fill in the blanks according to the information in the text.

平田最喜欢夏天，因为_____。杰希不太喜欢夏天，他_____。朱迪也喜欢冬天，沙特的冬天很_____，夏天的时候中午_____热，晚上的气温_____，金志英_____喜欢夏天，她_____，因为秋天_____。

第五部分　综合表达训练

1. 选择：哪句话中画线字的意思跟其他两句不一样？Choose: Which underlined word means differently from the other two?

（1）A. 我下周有考试。　　B. 下个月就放假了。　C. 外边下雨了。（　）

（2）A. 我要二两米饭。　　B. 三两饺子有几个？　C. 两位里面请。（　）

（3）A. 我家有三口人。　　B. 这是我的全家福。　C. 西门有一家饭店。（　）

（4）A. 早上我吃了一块面包。　B. 一包饼干三块五。　C. 给您一百块。（　）

2. 用"再"或"又"填空。Fill in the blanks using either "再" or "又".

（1）你打的太极拳真好看！_____打一遍好吗？

（2）昨天下大雨了，今天_____下大雨了。

（3）这种牛奶味道很好，我想_____喝一杯。

（4）衣服太脏 (zāng, dirty) 了，妈妈_____洗了一遍。

（5）上次他忘了我的名字了，这次_____忘了。

3. 读一读，用括号里的格式写一写。Read aloud, then write using the patterns in parentheses.

（1）你每天睡多长时间？_____。（[相邻数字连用]+量/左右）

（2）他的孩子四岁零十个月，_____。（快……了）

（3）我们8:00上课，现在7:55，_____。（快……了）

（4）爸爸今年55岁，妈妈43岁，_____。（a比b+Adj+多了/[数量]）

（5）去年春天只有一两个月，今年有三个月左右，_____。（a比b+Adj+一点儿）

4. 找找下面两幅图的异同。Find the similarities and differences in the two pictures below.

快……了　　[相邻数字连用]+量　　V+着（+N）正+VP+呢　　……以后

左右　　a跟b（不）一样　　a比b+Adj+多了/一点儿/[数量]

5. 写一写：我们国家的季节。Write: My country's seasons.

请用"我们国家有……个季节……"开头，介绍一下你们国家的季节情况。Starting with "我们国家有……个季节……", describe what the different seasons are like in your home country.

第六部分　文化读本

二十四节气

中国农历有立春、立夏、立秋、立冬等二十四个节气。

每年2月4日或5日"立春"，开始进入春天；4月5日或4日是"清明"，天气变暖。5月5日或6日"立夏"，开始进入夏天；6月22日前后是

"夏至",真正的夏天来到了。8月7日或8日"立秋",开始进入秋天;8月23日或24日是"处暑",暑天结束了。11月7日前后"立冬",开始进入冬天;11月22日前后是"小雪",北方开始下雪;"冬至"在12月22日前后,真正的冬天来到了;1月5日前后是"小寒",天气开始变冷;"大寒"是一年中最冷的时候,一般在1月20日前后。

1	立春	lìchūn	Beginning of spring	7	变	biàn	to change
2	立夏	lìxià	Beginning of summer	8	前后	qiánhòu	around, about
				9	夏至	xiàzhì	Summer solstice
3	立秋	lìqiū	Beginning of autumn	10	真正	zhēnzhèng	real
				11	处暑	chǔshǔ	End of heat
4	立冬	lìdōng	Beginning of winter	12	暑天	shǔtiān	hot summer days
				13	结束	jiéshù	to end, to finish
5	节气	jiéqì	a day marking one of the 24 divisions of the solar year in the traditional Chinese calendar; solar terms	14	小雪	xiǎoxuě	Minor snow
				15	北方	běifāng	the northern part (of China)
				16	冬至	dōngzhì	Winter solstice
				17	小寒	xiǎohán	Minor cold
				18	大寒	dàhán	Major cold
6	清明	qīngmíng	Pure brightness				

想一想:春、夏、秋、冬分别有哪些节气? **Think: Which solar terms do spring, summer, autumn, and winter have?**

第 9 课

电影院在哪儿

基本功能项及内容

	功能项	本课表达	基本结构	举例
1	询问 Asking questions	问路 Asking directions	[地点]+ 有 +N+ 吗?	请问，这附近有卫生间吗?
			N+ 在哪儿?	请问，教学楼在哪儿?
			去 +[地点]+ 怎么走?	去校医院怎么走?
		问距离 Asking distance	[地点₁]+ 离 +[地点₂]+ 远吗?	百货商店离这儿远吗?
			从 +[地点₁]+ 到 +[地点₂]+ 有多远?	从这儿到地铁站有多远?
2	说明 Explanation	某地存在某人或事物 Describing the existence of a thing or person at a certain location	[地点]+ 有（+ 数量）+ N	学校东边有一家书店。
		事物的位置 Describing an object's location	N+ 在 +[地点]	教学楼在校医院旁边。
		移动的方向 Describing movement - 直行方向 Moving straight - 拐弯 Turning - 动作趋向 Direction	（一直）往 + 方位 + 走 （往）+ 方位 + 拐 过来/去	一直往前走。 在第一个路口往左拐。 我马上过去。
		两地之间的距离 Describing the distance between two locations	[地点₁]+ 离 +[地点₂]+ 副 + 远/近 从 +[地点₁]+ 到 +[地点₂]+ 有 +[数量]	百货商店离这儿不远。 从这儿到地铁站有八百米。

	功能项	本课表达	基本结构	举例
3	判断 Judgment	某地存在的人与事物 Pinpointing a person or thing's existence at a certain location	[地点]+是（+<u>数量</u>）+N	书店对面就是日月酒吧。
4	叙述 Narration	动作/情况相继发生/出现 Describing actions/circumstances that occur in succession	一+VP$_1$+就+VP$_2$	一拐弯就到了。

第一部分　语音和汉字

一、语音练习 Pronunciation practice

1. 声母练习 Initials practice

b—p	爸—怕　包—跑　遍—片	z—c	自—次　在—菜 早—草 (cǎo, grass)
d—t	带—太　东—通　刀—桃	zh—ch	知—吃　专—串 (chuàn, string) 猪—出
g—k	干—看　个—课　高考	z—zh	坐—桌　租—猪 早—找 (zhǎo, to find)
j—q	今—亲　间—签 (qiān, to sign) 寄—汽	c—ch	草—炒　粗 (cū, thick) —初　操场
n—l	念—练　那—辣　能—冷	s—sh	三—山　四—是　宿舍　素食
f—h	福—湖 (hú, lake)　附—护 饭盒 (lunch-box)	r—sh	日—事　热—舍　认识

第9课　189

2. 韵母练习 Finals practice

ia—ie	ai—ei	uai—uei	an—ang	ian—iang	uan—uang	en—eng	in—ing
夏—谢	百—北	外—位	饭—放	练—辆	完—王	分—风	今—经
家—街	买—每	帅—睡	单—当	先—香	晚—往	身—生	亲—清
假—借	改—给	坏—会	站—丈	现—向	船—床	晨—成	饮—影

3. 读一读。Read aloud.

（1）大兔子 (tùzi, rabbit)，大肚子 (dùzi, belly)，

大肚子的大兔子，要咬 (yǎo, to bite) 大兔子的大肚子。

（2）你说船 (chuán, boat) 比床长，他说床比船长，

我说船不比床长，床也不比船长，船和床一样长。

二、汉字 Chinese characters

1. 认一认，写一写。Identify and write.

饺（饺子）—校（学校）　　车（动车）—东（东边）　　帅（很帅）—师（师傅）

北（北方）—比（比方）　　往（往前走）—住（住宿）　　四（四个）—西（西边）

我（我们）—找（找人）　　左（左边）—右（右边）　　同（同学）—向（方向）

饺		校		车		东		帅		师	
北		比		往		住		四		西	
我		找		左		右		同		向	

2. 常用的偏旁 Commonly used character components

	名称 Name	意义 Meaning	例字 Example
辶	zǒuzhīpáng 走 之 旁	一般和行走的意思有关，在字的左边。(Usually related to walking. Found on the left side of a character.)	远、近
𧾷	zúzìpáng 足 字 旁	一般和脚的动作有关。(Usually related to the movement of feet.)	跑、跟

名称 Name	意义 Meaning	例字 Example
阝 shuāng'ěrpáng 双耳旁	"阝"在左侧，一般和山坡、地势的意思有关；在右侧，一般和城市、地区有关。(When found on the left side of a character, "阝" is usually related to terrain or a mountain's slope. When found on the right side, it is usually related to a city or district.)	院、附 邮、都

✎ 写一写。Write the characters.

yuǎn 辶 远 far

pǎo 足 跑 to run

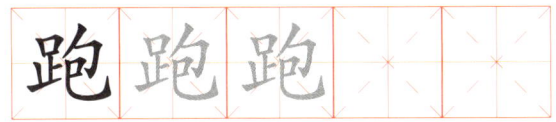

fù 阝 附 be near to

yóu 阝 邮 to post

第二部分　课前热身

1. 读读下面的词语。Read the following words aloud.

jiàoxuélóu
教 学 楼

xiào yīyuàn
校 医 院

bǎihuò shāngdiàn
百 货 商 店

dìtiězhàn
地 铁 站

cèsuǒ wèishēngjiān
厕 所 / 卫 生 间

hónglǜdēng
红 绿 灯

diànyǐngyuàn
电 影 院
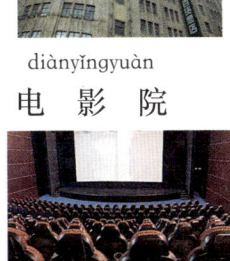

gōngjiāochē
公 交 车

第 9 课

2. 读读下面的句子。Read the following sentences aloud.

（1）A: Qǐngwèn, jiàoxuélóu zài nǎr?
请问，教学楼在哪儿？

B: Zài xiào yīyuàn pángbiān.
在校医院旁边。

（2）A: Bǎihuò shāngdiàn lí zhèr yuǎn ma?
百货商店离这儿远吗？

B: Bù yuǎn, guòle qiánbian de hónglǜdēng jiù dào le.
不远，过了前边的红绿灯就到了。

（3）Cóng zhèr dào dìtiězhàn yǒu duō yuǎn?
从这儿到地铁站有多远？

（4）Yìzhí wǎng qián zǒu, dì-yī gè lùkǒu wǎng zuǒ guǎi jiù dào le.
一直往前走，第一个路口往左拐就到了。

（5）A: Wǒmen zài jiǔbā, nǐ yě guòlái ba?
我们在酒吧，你也过来吧？

B: Hǎo, wǒ mǎshàng guòqù.
好，我马上过去。

第三部分　功能表达范例与训练

功能表达 1

学学问路和指路

马克 Mǎkè: Qǐngwèn, jiàoxuélóu zài nǎr?
请问，教学楼在哪儿？

卢卡 Lúkǎ: Zài xiào yīyuàn pángbiān.
在校医院旁边。

马克 Mǎkè: Qù xiào yīyuàn zěnme zǒu?
去校医院怎么走？

192　Lesson 9

Lúkǎ: Yìzhí wǎng qián zǒu jiù dào le.
卢卡：一 直 往 前 走 就 到 了。

1	教学楼	jiàoxuélóu	名	school building	
2	一直	yìzhí	副	straight	一直走
3	往	wǎng	介	towards, to	往前走

一、语言表达聚焦 Focus on expressions

1. 表地点和方位 Indicating location

   （1）[地点] = [地点名词]

   [location]=[location noun]

   例：教学楼　百货商店　地铁站

   （2）[方位词]= 前/后/左/右/上/下/里/外/东(dōng)/南(nán)/西(xī)/北(běi)/旁 + 边

   [direction words]= in front/behind/left/right/on top/under/in/out/east/south/west/north+ side

   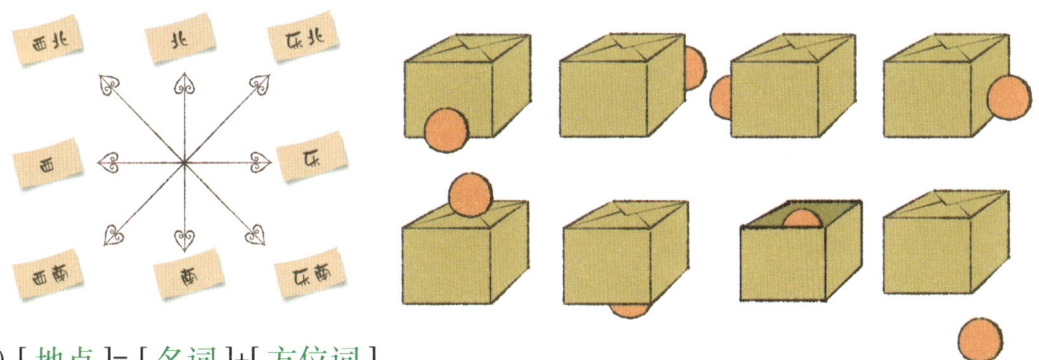

   （3）[地点]= [名词]+[方位词]

   [location]=[noun]+[direction word]

   例：校医院旁边　教学楼前边

看下图，说说图中的某一地点在哪儿。Look at the map below, then describe where a certain place on the map is located.

例：A: 请问，教学楼在哪儿？　　B: 教学楼在校医院旁边。

第9课　193

运动场 (yùndòngchǎng, playground); 体育馆 (tǐyùguǎn, gym); 图书馆 (túshūguǎn, library); 湖 (hú, lake)

2. 去 +[地点]+ 怎么走?

用于询问去某地的路线。

Used when asking for directions to a certain place.

例：去教学楼 / 校医院 / 食堂怎么走?

3. （一直）往 + 方位 + 走

用于说明直行的方向。

Used to describe movement in a straight direction.

例：一直往前 / 东 / 南 / 西 / 北走。

看上图，说说如果你在南门（东门），怎么去图中某一地方。Look at the map above, then describe how you would get to a certain place if you were standing at the south gate (or east gate).

南门：（1）男生宿舍　　（2）运动场　　（3）体育馆

东门：（1）女生宿舍　　（2）食堂　　（3）教学楼

二、交际练习 Communication practice

和你的同桌互相问问学校的这些地方在哪儿。Ask your deskmate where the following places on campus are located.

（1）图书馆　（2）教学楼　（3）校医院　（4）食堂　（5）宿舍
（6）体育馆　（7）运动场

功能表达 2

学说某地存在某人或某事物（[地点]+ 有 +（数量 +）N）；**两地之间的距离**（[地点₁]+ 离 +[地点₂]+ 远吗？[地点₁]+ 离 +[地点₂]+ 副 + 远/近）

莉莉：请问，这附近有卫生间吗？
Lìlì: Qǐngwèn, zhè fùjìn yǒu wèishēngjiān ma?

行人：前边的百货商店里有。
Xíngrén: Qiánbian de bǎihuò shāngdiàn li yǒu.

莉莉：百货商店离这儿远吗？
Lìlì: Bǎihuò shāngdiàn lí zhèr yuǎn ma?

行人：不远，往前走，过了红绿灯就到了。
Xíngrén: Bù yuǎn, wǎng qián zǒu, guòle hónglǜdēng jiù dào le.

莉莉：要多长时间？
Lìlì: Yào duō cháng shíjiān?

行人：走路三四分钟吧。
Xíngrén: Zǒulù sān-sì fēnzhōng ba.

4	附近	fùjìn	名	nearby	
5	卫生间	wèishēngjiān	名	toilet	男/女卫生间
6	百货商店	bǎihuò shāngdiàn	名	department store	
7	离	lí	介	be at distance from	离这儿不远
8	过	guò	动	to pass, to cross	过红绿灯
9	红绿灯	hóng-lǜdēng	名	traffic light	
10	走路	zǒulù	动	to walk	

一、语言表达聚焦 Focus on expressions

1. [地点]+ 有 +N+ 吗?

   用于询问某地是否存在某物。

   Used to ask whether or not something exists at a certain location.

   [地点]+ 有 +（数量 +）N

   用于说明某地存在某物。

   Used to describe that an object or person exists at a certain location.

   例：A: 请问，这附近有卫生间吗？　　B: 那个教学楼里有。

看图，你在宿舍，想知道附近有没有图中的地方，请问问你的同桌。Look at the map, then imagine you are at your dorm and would like to know if any of the places on the map are nearby. Ask your deskmate if he/she knows.

例：A: 请问，这附近有商店吗？　　B: 有，公园前边有一家。

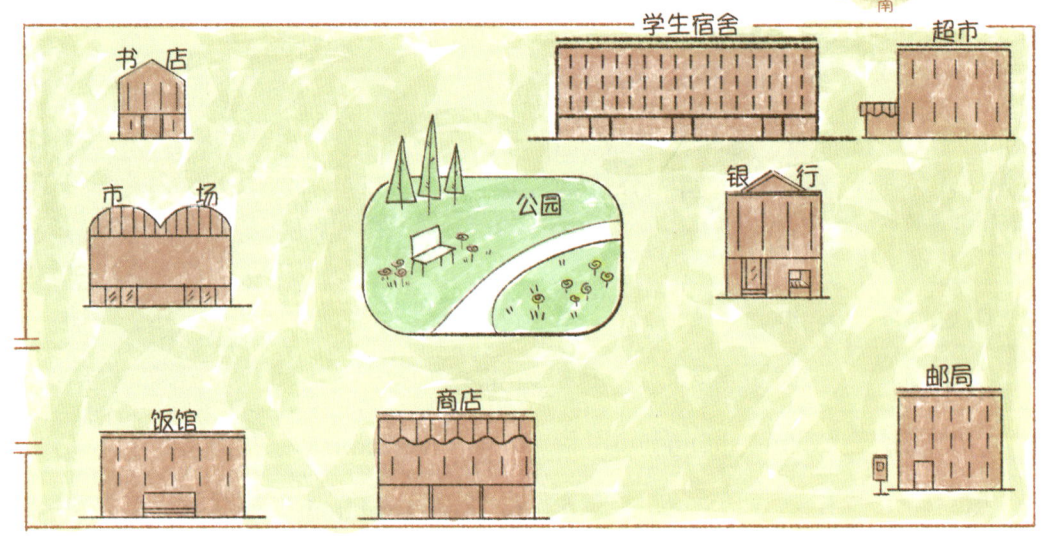

市场 (shìchǎng, market)；邮局 (yóujú, post office)

2. [地点₁]+ 离 +[地点₂]+ 远吗?

   用于询问两个地点间的距离远近。Used to ask if the distance between two locations is long or short.

   例：A: 天津离北京远吗？　　B: 不远，坐火车半小时左右就到了。

看上面的图，说说下面这些地方离西门的远近。Look at the map above, then describe whether the following places are far from or near the west gate.

例：A: 商店离西门远吗？　　B: 不远，往前走，过了饭馆就到了。
　　A: 要多长时间？　　　　B: 走路四五分钟吧。

（1）学生宿舍　　（2）饭馆　　（3）超市　　（4）书店

二、交际练习 Communication practice

和你的同桌互相问问学校里有没有下面这些地方，离宿舍远不远，到那儿要多长时间。Discuss with your deskmate whether or not the following places exist at your school. Are they close to your dorm? How long does it take to get to them?

（1）书店　　（2）市场　　（3）超市　　（4）银行　　（5）邮局
（6）商店　　（7）饭馆

功能表达 3

学说两地之间的距离（从 +[地点₁]+ 到 +[地点₂]+ 有多远？　从 +[地点₁]+ 到 +[地点₂]+ 有 +[数量]）；说明动作情况相继发生（一 +VP₁+ 就 +VP₂）；说明拐弯的方向

平田： 请问，从这儿到地铁站有多远？
(Píngtián: Qǐngwèn, cóng zhèr dào dìtiězhàn yǒu duō yuǎn?)

行人： 很近，几百米①吧②。
(Xíngrén: Hěn jìn, jǐ bǎi mǐ ba.)

平田： 几百米？您问我吗？我不知道，我在问您啊。
(Píngtián: Jǐ bǎi mǐ? Nín wèn wǒ ma? Wǒ bù zhīdào, wǒ zài wèn nín a.)

行人： （笑 Laughing）五百米左右吧。
(Xíngrén: Wǔbǎi mǐ zuǒyòu ba.)

平田： 五百米左右……怎么走啊？
(Píngtián: Wǔbǎi mǐ zuǒyòu…… zěnme zǒu a?)

① 几 +数量词：表示概数。Expresses an approximation.
② 吧：表示大概估计的语气。Carries the implication that one is guessing or estimating.

第 9 课

行人：Yìzhí wǎng qián zǒu, dì-yī gè lùkǒu wǎng zuǒ guǎi, yì guǎiwān jiù dào le.

一直往前走，第一个**路口**往左**拐**，一**拐弯**就到了。

11	地铁站	dìtiězhàn	名	subway station	
	站	zhàn	名	station, stop	公交车站；火车站
12	近	jìn	形	near, close	很近；不近
13	米	mǐ	量	meter	几百米；八百米
14	知道	zhīdào	动	to know	我知道
15	路口	lùkǒu	名	crossing, intersection	一个路口；第一个路口；前边的路口
16	拐弯	guǎiwān	动	to turn around	拐了两个弯
	拐	guǎi	动	to turn	往左拐

一、语言表达聚焦 Focus on expressions

1. 从 +[地点₁]+ 到 +[地点₂]+ 有多远？

   用于询问两地之间的距离。

   Used when asking the distance between two locations.

   例：（1）从学校到你家有多远？ （2）从宿舍到教学楼有多远？

   注意："从……到……"之间不仅可以是地点，还可以是时间。

   Remember: "从……到……" can be used not only to describe location, but also time.

   例：从八点半到十点半　从2010年到2013年　从3月到5月

看下图，和同桌互相问问，从火车站到下面这些地方有多远。Look at the map below, then ask your deskmate the distance between the train station and the following places.

（1）酒吧 (jiǔbā, bar)　　（2）电影院　　（3）宾馆 (bīnguǎn, hotel)　　（4）饭馆
（5）地铁站　　（6）公交站 (gōngjiāozhàn, bus stop)　　（7）广场 (guǎngchǎng, square)

桥（qiáo, bridge）；河（hé, river）

2. 一 +VP₁+ 就 +VP₂

   叙述动作或情况相继发生或出现。

   Describes the occurrence of an action in direct sequence after another.

   例：（1）酒吧一拐弯就到了。　　（2）我一回家就写作业。

☑ 用"一……就……"完成句子。Complete the sentences using "一……就……".

例：拐弯；到了——一拐弯就到了。

（1）下课；回家——

（2）写完作业；去练太极拳——

（3）起床；吃早饭——

（4）看完书；睡觉——

☑ 看上图，和同桌互相问问从火车站到下面这些地方怎么走。Look at the map above, then ask your deskmate how to get to the following places from the train station.

（1）酒吧　　（2）电影院　　（3）宾馆　　（4）饭馆

（5）地铁站　（6）公交站　　（7）广场

二、交际练习 Communication practice

你认识学校附近的酒吧、电影院、宾馆、饭馆、地铁站、公交站吗？它们离学校远吗？怎么走？跟你的同桌聊一聊。Do you know of any bars, movie theaters, hotels, restaurants, subway stations, or bus stops near your school? Are they far from your school? How do you get there? Discuss with your deskmate.

功能表达 4

学学说明动作的趋向（过来 / 去）；**判断某处存在某物**（[地点]+ 是 +（数量 +）N）

莉莉： Wǒmen zài Rìyuè Jiǔbā, nǐ yě guòlái ba?
我们在日月酒吧，你也**过来**吧？

马克： Rìyuè Jiǔbā? Wǒ wàngle zěnme zǒu le.
日月酒吧？我忘了怎么走了。

莉莉： Chūle dōngmén yòu guǎi, wǎng qián zǒu yǒu yì jiā shūdiàn, duìmiàn jiù shì Rìyuè Jiǔbā.
出了**东**门右拐，往前走有一家书店，**对面**就**是**日月酒吧。

马克： Hǎo, wǒ mǎshàng guòqù.
好，我马上**过去**。

[日月酒吧 (Rìyuè Jiǔbā)]

17	过来	guòlái	动	to come here	
	过去	guòqù	动	to go there	
18	出	chū	动	to come out, to go out	出了东门
19	东	dōng	名	east	东边
	南	nán	名	south	南边
	西	xī	名	west	西边
	北	běi	名	north	北边
20	对面	duìmiàn	名	right in front	书店对面

一、语言表达聚焦 Focus on expressions

1. **过来 / 过去**

   "过来"表示从另一地点向说话人靠近；"过去"表示离开说话人位置向另一地点靠近。

   "过来" is used to refer to movement towards the speaker (to come), while "过去" is used to refer to movement away from the speaker (to go).

例：A: 请你过来。　　B: 好，我马上过去。

✎ 选择"过来"或"过去"填空。Fill in the blanks using "过来" or "过去".

（1）A: 我们在酒吧喝酒，你_____吗？

B: 好，我马上_____。

（2）A: 莉莉在电影院看电影，我们也_____吧？

B: 好的，我们一下课就_____。

（3）A: 你在哪儿？

B: 我在宿舍看书，你_____吗？

A: 我去买词典，不_____了。

2. 说明人或事物的位置 Describing the location of a person or thing

（1）N+ 在 +[地点]

说明某人或某事物在某处。

Describes that a person or thing is located at a certain place. Emphasizes the location of the object or person.

例：酒吧在学校东边。

（2）[地点]+ 有（+ 数量）+N

说明某处存在某人或某事物。

Describes the existence of a person or thing at a certain place. Emphasizes the object/person's existence in a certain area, but not its exact location.

例：学校东边有一家书店。

（3）[地点]+ 是（+ 数量）+N

判断某处存在某人或某事物。

Describes the existence of a person or thing at a certain place, and pinpoints the object at that location. Strongly emphasizes the object/person's exact location.

例：（1）学校东边是一家酒吧。　　（2）学校东边是酒吧，西边是书店。

✎ 看图说说这些地方的方位。Look at the map, then complete the descriptions of the orientation of the following locations.

例：电影院<u>在</u>学校<u>西边</u>/商店<u>北边</u>。/ 学校西边是（一家）<u>电影院</u>。

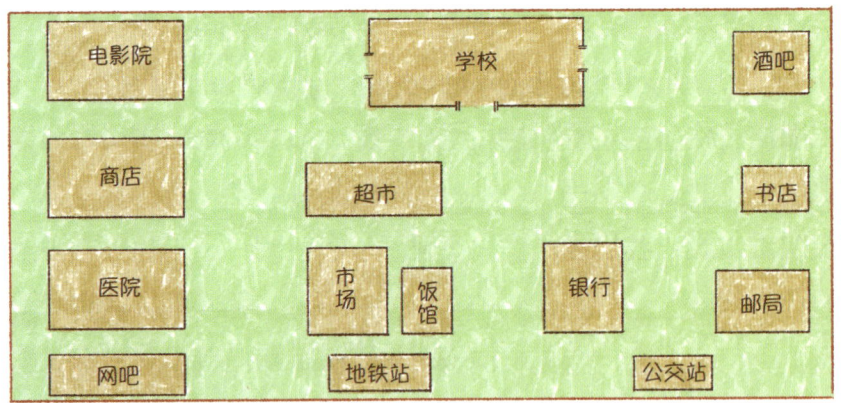

网吧（wǎngbā, internet bar）

（1）商店在_____。/ 超市的西边是_____。

（2）酒吧在_____。/ 学校的东边是_____。

（3）市场在_____的东边。/ 市场的东边是_____。

（4）地铁站在_____的南边。/ 地铁站的北边是_____。

（5）银行在_____。/ 邮局对面是_____。

（6）书店在_____。/ 酒吧南边是_____。

二、交际练习 Communication practice

和你的同桌说说你家或学校周围都是什么地方。Discuss with your deskmate what places are located around your home or school.

第四部分　课文

（马克和莉莉约好去看电影，课间休息的时候，马克给莉莉打电话。Make and Lili made a date to see a film. Make calls Lili at recess.）

    Mǎkè　　：　Nǐ　zài　nǎr　?
马　克：你 在 哪 儿 ?

莉莉：我在电影院附近逛街呢。

马克：啊？你已经到了？那我一会儿自己过去吧。电影院离学校远吗？

莉莉：不太远，坐849路公交车五站就到了。

马克：公交车站在哪儿？怎么走？

莉莉：东门对面就是公交车站，你一出东门就看见了。

马克：好的，我一下课就过去。

（在公交车上 On a bus）

马克：请问，电影院是不是这一站

21	电影院	diànyǐngyuàn	名	cinema	
22	路	lù	量	number of bus route	849路
23	公交车	gōngjiāochē	名	bus	坐公交车

第9课

下？

售票员：你坐错了。这辆车不往电影院方向开。你在这儿下车，去马路对面坐车吧。

（在另一辆公交车上 On another bus）

莉莉：喂，马克，快到了吧？电影快开始了。

马克：快了，还有十站就到了……

莉莉：十站？……

24	下	xià	动	to get off or out (of vehicles)	在哪儿下；这一站下
25	辆	liàng	量	measure word for vehicles	一辆公交车
26	方向	fāngxiàng	名	direction	电影院方向
27	马路	mǎlù	名	road	马路上；过马路

课文综合练习 Comprehensive exercises

1. 根据课文内容判断。Judge whether the following statements are correct or incorrect according to the text.

   （1）马克想和莉莉一起去看电影。（   ）

   （2）莉莉在上课。（   ）

   （3）去电影院要坐公交车。（   ）

（4）公交车站在学校西门附近。（   ）

（5）马克坐的车不对。（   ）

2. **根据课文内容，回答问题。** Answer the questions according to the text.

   （1）马克打电话的时候莉莉在做什么？

   （2）电影院离学校远吗？怎么去？

   （3）售票员为什么让马克下车？

   （4）马克看电影迟到了吗？

3. **根据课文用学过的词填空，并大声读一读。** Fill in the blanks according to the text using words you have studied, then read the answers aloud.

   莉莉正在_____，马克给她打电话_____。电影院_____，_____就到了。马克一_____就_____了。可是，马克坐的车不对，这辆车_____，他_____。电影快开始了，可是马克_____。

第五部分　综合表达训练

1. 读一读，选一选。Read the questions, then match them with the appropriate response.

A. 在校医院旁边。	D. 不太远，一拐弯就到了。
B. 前面的超市里有卫生间。	E. 我在图书馆看书呢。
C. 五百米左右。	F. 一直往前走。

例：请问，教学楼在哪儿？	（ A ）
（1）请问，图书馆怎么走？	（ ）
（2）请问，附近有厕所 (cèsuǒ, toilet) 吗？	（ ）
（3）地铁站离学校远吗？	（ ）
（4）从教学楼到宿舍有多远？	（ ）
（5）你在哪儿？	（ ）

2. 小组活动 Group activities

（1）看图，和你的同学一起找找这些地方，说说这些地方在哪儿，你去没去过。
Look at the map, then look for the locations with a classmate. Where are these places located? Have you been to any of them before?

①东/南门　　②办公楼 (bàngōnglóu, office building)　　③图书馆
④教学楼　　⑤体育场　　⑥校医院　　⑦食堂

（2）请你们在图上标出宿舍楼，并说说从宿舍楼到其他地方远不远，有多远，怎么走。
With your partner, mark the location of the dormitory building on the map. Discuss the distance from the dormitory building in relation to other locations. Are they near or far? How far away are they? How do you get there?

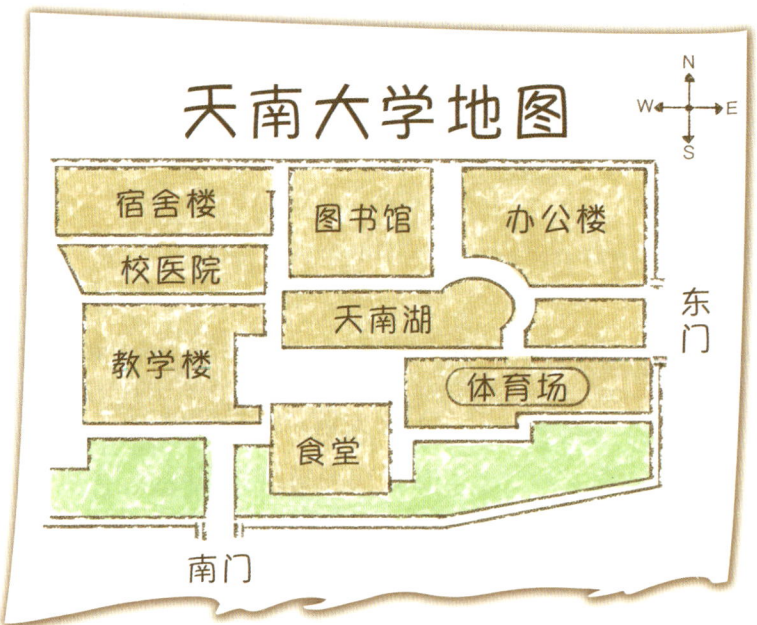

3. 写一写：请画一张你家或宿舍周围的地图，并写一写这些地方在哪儿，离你家或宿舍有多远，怎么走。Write: Draw a map of the area around your home or dormitory. Write down where various places/objects are located. How far away are they from your home or dormitory? How do you get there?

（1）超市　　（2）邮局　　（3）银行　　（4）酒吧　　（5）公交站　　（6）医院

第六部分　文化读本

方便

马克的中国朋友请他吃饭,到了饭店以后,朋友说:"我去方便一下。"马克问:"方便是哪里?"朋友说:"'方便'的意思是去厕所。"吃饭的时候,朋友说:"我下次去美国的时候,希望你能提供一些方便。"马克想:为什么要提供厕所啊?告别的时候,中国朋友跟马克说:"你方便的时候,我想再请你吃一次饭。"马克没说话,他又说:"要是你最近不方便,我们改天……在我们都方便的时候一起吃饭吧。"马克:"啊?!"

1	请	qǐng	to invite
2	方便	fāngbiàn	to go to the lavatory; to provide convenience for
3	希望	xīwàng	to hope

4	提供	tígōng	to provide
5	告别	gàobié	to say goodbye
6	改天	gǎitiān	another day

连一连:下面句子里的"方便"都是什么意思?文中的"方便"呢? Matching: What does "方便" mean in the sentences below? What does "方便" mean in the text?

(1) 我想去方便一下。　　　　　　　A. 便利 (biànlì, convenient)

(2) 对不起,我现在不方便接电话。　　B. 上厕所

(3) 学院给学生提供了很多方便。　　　C. 合适

第9课

第 10 课

我想把这个寄回家

基本功能项及内容

	功能项	本课表达	基本结构	举例
1	询问 Asking questions	问营业时间 Asking about business hours	几点 + 开门 / 关门？	周末几点开门？
		问汇率 Asking about exchange rates	［货币₁］+ 兑 +［货币₂］+ 的汇率是多少？	美元兑人民币的汇率是多少？
		问号码 Asking about numbers (telephone, room, etc.)	N + 号（码）+ 是 + 多少？	您的手机号是多少？
		问重量 Asking about weight	N（+有）+ 多 + 重？	这个包裹有多重？
		问做事的方式方法 Asking the method or way of doing something	怎么 +V+N？	请问怎么办银行卡？
		问需要的时间 Asking how much time is needed to do something	几天 / 多长时间 + 到？	最快几天到？
2	说明 Explanation	说明营业时间 Describing business hours	［时间］+ 开门 / 关门	明天上午十点开门。
		说明汇率 Describing exchange rates	［货币₁］+ 兑 +［货币₂］+ 的汇率是［货币₁］数:［货币₂］数	美元兑人民币的汇率是1：6.45。
		说明号码 Describing numbers (telephone, room, etc.)	N + 号（码）+ 是 + 数	我的电话号码是15122516686。
		说明重量 Describing weight	N（+是）+ 数 +［重量单位］	这个包裹两公斤。

	功能项	本课表达	基本结构	举例
2	说明 Explanation	动作发生的顺序 Describing actions that must occur in sequence	先 a，再 b	您先填一下这张表，再交十块钱。
		动作的趋向 Describing the direction of an action/movement	上 / 下 / 过 / 回 + 来 / 去	你下来取一趟快递吧。
		动作使事物改变位置 Describing an action that moves the position of an object	把 +N+V+ 到 / 在 / 回 + [处所]	把这个包裹寄到美国。
3	请求 Making requests	用表歉语气请求 Using an apologetic tone to ask a question	麻烦您……	麻烦您再说一遍。
		用征询语气请求 Asking a question in the form of a request	可以……吗？	可以给我一张单子吗？

第一部分　语音和汉字

一、声调复习 Review: Tones

ˉ	他、多、听、吃、开、春	ˊ	您、零、尝、骑、凉、填
ˇ	好、买、打、点、走、冷	ˋ	叫、睡、试、忘、坐、夏
ˉ + ˉ	新生、司机、星期、刮风	ˉ + ˊ	家人、充值、当然、经常
ˉ + ˇ	铅笔、机场、开始、包裹	ˉ + ˋ	专业、超市、医院、方便
ˊ + ˉ	同桌、明天、桃花、晴天	ˊ + ˊ	同学、旗袍、银行、邮局

ˊ+ˇ	游泳、骑马、苹果、南北	ˊ+ˋ	来自、年纪、学院、营业
ˋ+ˉ	大家、汽车、健康、气温	ˋ+ˊ	去年、二十、问题、面条
ˋ+ˇ	电影、下雨、地铁、办理	ˋ+ˋ	照片、附近、四季、快递

二、汉字 Chinese characters

1. 认一认，写一写。Identify and write.

还（还是）—过（过去）　　路（走路）—跑（跑步）　　务（业务）—条（面条）

办（办理）—为（因为）　　那（那边）—邮（邮局）　　记（记得）—纪（年纪）

存（存钱）—在（现在）　　休（休息）—体（身体）　　市（超市）—币（人民币）

还	过	路	跑	务	条
办	为	那	邮	记	纪
存	在	休	体	市	币

2. 常用的偏旁 Commonly used character components

	名称 Name	意义 Meaning	例字 Example
宀	bǎogàitóu 宝盖头	一般和房屋有关。(Usually related to the roof of a house or building. This occurs at the top of a character.)	家、寄
⺮	zhúzìtóu 竹字头	一般和竹子有关，在字的上边。(Usually related to bamboo. This occurs at the top of a character.)	笔、签
心	xīnzìdǐ 心字底	一般和心理活动有关，一般在字的下边。(Usually related to mental activities or feelings. This usually occurs at the bottom of a character.)	想、忘
忄	shùxīnpáng 竖心旁	是"心"的变体，一般在字的左边，写作"忄"。(Alternative form of "心" that occurs on the left side of a character.)	快、慢

第10课

✎ 写一写。Write the characters.

jì 宀 寄 to send, to mail

qiān 竹 签 to sign

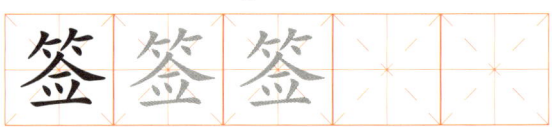

zěn 心 怎 how

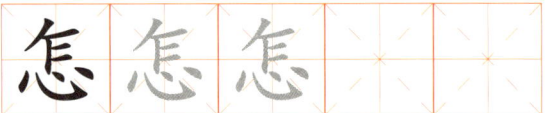

kuài 忄 快 fast

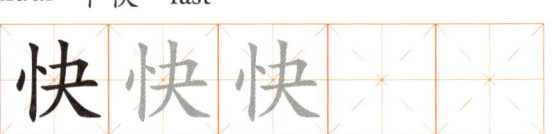

第二部分　课前热身

1. 读读下面的词语。Read the following words aloud.

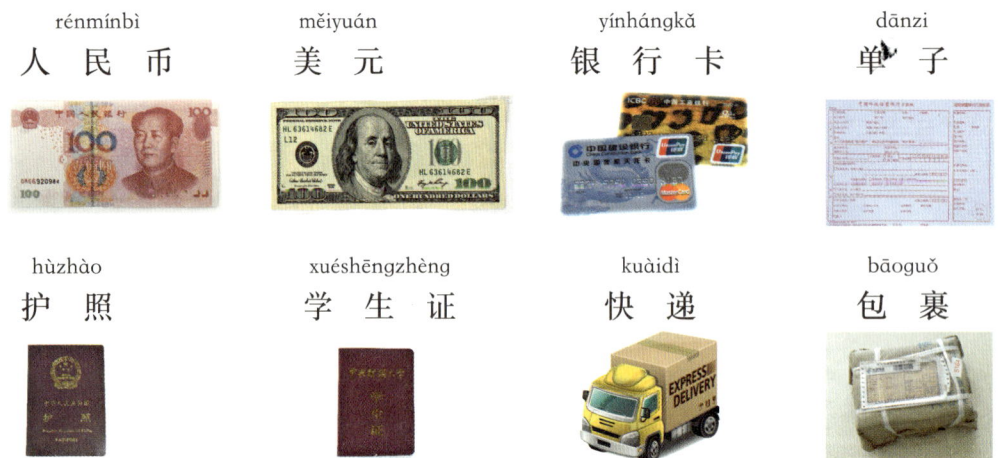

rénmínbì　měiyuán　yínhángkǎ　dānzi
人民币　　美元　　银行卡　　单子

hùzhào　xuéshēngzhèng　kuàidì　bāoguǒ
护照　　学生证　　快递　　包裹

2. 读读下面的句子。Read the following sentences aloud.

　　　　Nín　bànlǐ　shénme　yèwù？
（1）您 办 理 什 么 业 务？

　　　　Yìbǎi　měiyuán　kěyǐ　huàn　duōshao　rénmínbì？
（2）一 百 美 元 可 以 换 多 少 人 民 币？

　　　　Qǐngwèn　píngshí　jǐ diǎn kāimén，jǐ diǎn guānmén？
（3）请 问 平 时 几 点 开 门，几 点 关 门？

（4）先去那边取号，再过来填单子。
Xiān qù nàbian qǔ hào, zài guòlái tián dānzi.

（5）我想把这个包裹寄到美国。
Wǒ xiǎng bǎ zhège bāoguǒ jìdào Měiguó.

（6）请问您的手机号是多少？
Qǐngwèn nín de shǒujīhào shì duōshao?

（7）我上去还是您下来？
Wǒ shàngqù háishi nín xiàlái?

第三部分　功能表达范例与训练

功能表达 1

学说营业时间（几点+开门/关门？［时间］+开门/关门）**；兑换和说明汇率**

营业员：请问您办理什么业务？
Yíngyèyuán: Qǐngwèn nín bànlǐ shénme yèwù?

马　克：我想换钱。一百美元可以换多少人民币？
Mǎkè: Wǒ xiǎng huàn qián. Yìbǎi měiyuán kěyǐ huàn duōshao rénmínbì?

营业员：今天美元兑人民币的汇率是1∶6.45①。
Yíngyèyuán: Jīntiān měiyuán duì rénmínbì de huìlǜ shì 1∶6.45.

马　克：我换二百美元。
Mǎkè: Wǒ huàn èrbǎi měiyuán.

营业员：您带护照了吗？
Yíngyèyuán: Nín dài hùzhào le ma?

马　克：哎呀，忘带了。我有学生证，行吗？
Mǎkè: Āiyā, wàng dài le. Wǒ yǒu xuéshēngzhèng, xíng ma?

① 读作一比六点四五。1∶6.45 is read as "一比六点四五".

营业员：Bù hǎoyìsi, wǒmen zhǐ yào hùzhào. Nín gǎitiān zài lái bàn ba.
营业员：不好意思，我们只要护照。您改天再来办吧。

马克：Qǐngwèn, píngshí jǐ diǎn kāimén, jǐ diǎn guānmén?
马克：请问，平时几点开门，几点关门？

营业员：Shàngwǔ jiǔ diǎn kāimén, xiàwǔ wǔ diǎn bàn guānmén.
营业员：上午九点开门，下午五点半关门。

1	办理	bànlǐ	动	to handle, to go through	
	办	bàn	动	to handle	办事
2	业务	yèwù	名	business	办理业务
3	换	huàn	动	to exchange	换钱；换人；换地方
4	兑	duì	动	to exchange, to convert	美元兑人民币
5	汇率	huìlǜ	名	exchange rate	今天的汇率
6	带	dài	动	to bring	带书；带钱
7	护照	hùzhào	名	passport	带护照
	~照	zhào		license	驾(jià)照
8	学生证	xuéshēngzhèng	名	student ID card	
	证	zhèng	名	certificate	借书证；工作证
9	改天	gǎitiān	副	another day	改天再来
	改	gǎi	动	to change, to correct	改时间；改作业
10	开门	kāimén	动	to open the door	几点开门；开门的时间
	开	kāi	动	to open	开电视；开灯
	门	mén	名	door	大门；后门
11	关门	guānmén	动	to close the door	几点关门；关门的时间
	关	guān	动	to turn off	关电视

一、语言表达聚焦 Focus on expressions

> 几点 + 开门 / 关门?
> 用于询问营业时间。
> Used to ask opening/closing time.
>
> [时间] + 开门 / 关门
> 用于说明营业时间。
> Used to explain opening/closing time.

看图，说说这些地方的营业时间。Look at the pictures, then describe the business hours of the locations in them.

例：这个地方上午 10:00 开门，晚上 10:00 关门。

这个地方上午 10:00 到晚上 10:00 营业（yíngyè, to do business）。

（1） （2） （3） （4）

二、交际练习 Communication practice

你的同桌是银行的营业员，请你找他换一些人民币。Your deskmate works as a teller at a bank. Ask him/her to help you exchange some Renminbi.

身份证（shēnfènzhèng, ID card）

国家	中国	韩国	英国	俄罗斯	肯尼亚	哥伦比亚 (Gēlúnbǐyà)
货币 (huòbì, currency)	人民币 (rénmínbì)	韩元 (hányuán)	英镑 (yīngbàng)	卢布 (lúbù)	先令 (xiānlìng)	比索 (bǐsuǒ)
国家	美国	日本	加拿大	法国 德国	沙特	
货币	美元	日元	加元	欧元 (ōuyuán)	里亚尔 (lǐyà'ěr)	请写写你们国家的货币：_____

第 10 课

功能表达 2

学学问做事的方式方法（怎么+V+N？）；**用表歉语气请求**（麻烦您……）；**说明动作的顺序**（先 a，再 b）

金志英：请问，怎么办银行卡？

营业员：先取号，再填单子。

金志英：麻烦您再说一遍。

营业员：先去那边取号，再过来填单子。

金志英：填好了，您看对吗？

营业员：没问题。请在这儿签字。

金志英：签好了。

营业员：好的，银行卡七个工作日以后寄到您家。

12	银行卡	yínhángkǎ	名	bank card	一张银行卡
	卡	kǎ	名	card	充值卡；饭卡；公交卡
13	取	qǔ	动	to take; to draw	取钱
14	号	hào	名	number	取号机
15	填	tián	动	to fill in (a form)	填单子
16	单子	dānzi	名	form; list	一张单子
17	麻烦	máfan	动	to bother, to trouble	麻烦您再说一遍

18	签字	qiānzì	动	to sign (one's name)	签字笔
	签	qiān	动	to sign	签名；签到
	字	zì	名	character	汉字；毛笔字
19	工作日	gōngzuòrì	名	working day	休息日；节假日
	~日	rì		day	
20	寄	jì	动	to send, to mail	寄钱；寄给妈妈；寄到美国

一、语言表达聚焦 Focus on expressions

1.
   怎么 +V（+ N）

   询问动作的方式、手段、工具等。

   Used to ask what method or manner should be used to complete an action, such as a strategy, tool, etc..

   例：（1）A: 你怎么来的？　　B: 骑自行车来的。

   （2）A: 英语的"apple"用汉语怎么说？　　B: 苹果。

用"怎么 +VO"问问你的同桌。Ask your deskmate some questions using the "怎么 +VO" pattern.

……怎么吃？				
怎么去……？				
怎么读？ 怎么写？	yìbān ( )	kuàizi ( )	fànguǎn ( )	dǎ qiú ( )
……的"你好"怎么说？	英语	韩语	日语	俄语
……怎么走？	去图书馆	去教学楼	去游泳馆	去火车站

第 10 课

2. 麻烦您……

用表歉语气请求。

Used as an apologetic way to ask someone a question. This shows that the speaker is sorry for disturbing or interrupting the person they are asking.

例：您的书忘拿了，麻烦您来取一下。

用"麻烦您……"写一写。Complete the sentences using the "麻烦您……" pattern.

（1）我的东西太重 (zhòng, heavy) 了，_____。

（2）我想要十块的零钱，这是一百块，_____。

（3）那是我的钥匙，_____。

（4）图书馆在哪儿？_____。

（5）老师，我写的对吗？_____。

（6）我刚才忘了拿钥匙了，_____。

3. 先 a，再 b

连接 a 和 b 两个先后发生的动作或事件，顺序不能颠倒，"先"位于主语后动词前。

Links two actions or occurrences together in sequential order. Action "a" must come before action "b" and the order cannot be switched. The word "先" comes after the subject of the sentence and before the verb.

先 a → 再 b

例：我们先写汉字，再学生词。

请你用"先 a，再 b"告诉小朋友这些事怎么做。Use the "先 a, 再 b" to politely tell a child how to do something.

（1）洗手，吃饭　　（2）吃菜，吃主食　　（3）上车，买票　　（4）洗澡，睡觉

二、交际练习 Communication practice

和你的同桌一起说说怎么办银行卡。Discuss the process for setting up a bank card with your deskmate.

功能表达3

学学问需要的时间（几天/多长时间+到）；用征询语气请求（可以……吗？）；说明动作使事物改变地点（把+N+V+到/在/回+[处所]）

莉莉：我想把这个包裹寄到美国。

营业员：您寄普通的还是特快的？

莉莉：普通的吧。

营业员：好的，您先填一下这张单子。

莉莉：填好了。您看看。

营业员：啊，地址不对。不是"天南大学天南区天津市中国"，是"中国天津市天南区天南大学"。

莉莉：不好意思，可以再给我一张单子吗？

营业员：给您。

莉莉：最快几天到？
(Lìli: Zuì kuài jǐ tiān dào?)

营业员：十天左右。
(Yíngyèyuán: Shí tiān zuǒyòu.)

21	把	bǎ	介		
22	包裹	bāoguǒ	名	package	寄包裹；一个包裹
23	普通	pǔtōng	形	ordinary, common, average	普通人；普通包裹
24	特快	tèkuài	形	express	特快包裹
25	一下	yíxià	数量	time complement indicating informal or brief duration of an action	看一下；问了一下
26	地址	dìzhǐ	名	address	中国地址；你家地址
27	快	kuài	形	fast	很快；快车

一、语言表达聚焦 Focus on expressions

1. 把 +N+V+ 到 / 在 / 回 +[处所]

   说明动作使事物改变位置，也可用来表示请求或命令等。

   Describes an action that moves the location of an object. The pattern can also be used to make a request or give a command.

   例：(1) 我把书放到/在桌子上了。(动作使事物改变位置 The action moves the object's location)

   (2) 把书放到/在桌子上。(请求、命令 Request or command)

   如果不强调位移过程，"在、到"都可以，强调位移过程要用"到"。

   If the speaker is not emphasizing the movement of the object, then either "在" or "到" can be used. If the speaker wants to emphasize the object's movement, then "到" should be used.

   例：(1) 把书放到桌子上。=把书放在桌子上。

   (2) 把书寄到上海。(*把书寄在上海。)

   注意：1)"把"后的"N"一般是特指或有所指的；2)"V"是能够使事物发生改变的动词；3) 动词后必须有别的成分；4)"不""没（有）"等否定副词和"想"等能愿动词一般放在"把"字之前，即"不/没/想+把+N+V……"。

Remember: 1) The noun following "把" must be specific and concrete; 2) The verb must be one that can modify the object in a "把" sentence; 3) The verb cannot be a single word, it must be followed by an additional component (such as "在""到""回" etc.); 4) Negative adverbs such as "不""没（有）" etc., and auxiliary verbs such as "想" are placed before "把", as in the pattern "不 / 没 / 想 + 把 +N+V……".

☑ 看图，说说他们干什么（了）。Look at the pictures, then describe what the people are doing. Use "了" if needed.

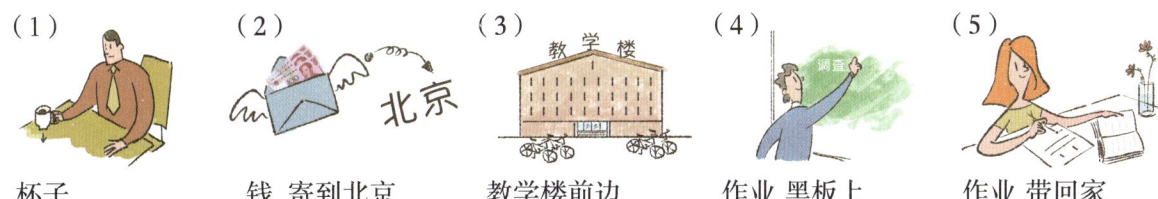

（1）杯子　　　（2）钱 寄到北京　　　（3）教学楼前边　　　（4）作业 黑板上　　　（5）作业 带回家

☑ 两人一组：一人提要求，一人做动作并说出自己做的动作。Pair work: One student asks another to do something. The other student should complete the action while saying aloud what he/she is doing.

例：莉莉：你把书包放在 / 到桌子上。　　阿里：我把书包放在 / 到桌子上了。

2. 地址的说法 Writing or describing an address

写或说地址都要从大到小。

When writing or describing an address in Chinese, the locations in the address should be written/said from largest to smallest (country, then city, then street, etc.).

例：中国天津市南天区南天大学水上公园近园里 16 号楼 2 门 105/ 阳光一百 12 号楼 1 门 202

☑ 和你的同桌互相问问住在哪里。Ask your deskmate where he/she lives.

3. 可以……吗?

用征询语气请求。

Used to ask a question in the form of a request.

例：（1）可以给我一张单子吗？　　（2）老师，现在可以去卫生间吗？

✏️ 用"可以……吗?"写一写。Complete the sentences using "可以……吗?" pattern.

（1）肉菜太多了，＿＿＿＿＿＿＿＿？

（2）我今天没带书，＿＿＿＿＿＿＿＿？

（3）绿色的比蓝色的好看，＿＿＿＿＿＿＿＿？

（4）我的手机没电（out of power）了，＿＿＿＿＿＿＿＿？

二、交际练习 Communication practice

和你的同桌说说怎么寄包裹：怎么填单子，怎么写地址。Discuss with your deskmate how to mail a package: how to fill in the postal form and write the address.

功能表达 4

学学说号码和重量；说明动作的趋向（上/下/过/回+来/去）

阿里：您好，我想往上海寄一本书。多少钱？

快递员：您的书有多重？

阿里：很厚，不知道多重。

快递员：您住在哪儿？我马上过去取。

阿里：我在九号楼501房间。

……

快递员：我是快递公司的，已经到楼下了，您下来还是我上去？

Lesson 10

阿里：	Wǒ xiàqù ba. 我下去吧。			
快递员：	Nín de shū bú dào yì gōngjīn, èrshí kuài. 您的书不到① 一公斤，二十块。			
	Duì le, nín de shǒujīhào shì duōshao? 对了，您的手机号是多少？			
阿里：	Ālǐ: 15122516686. 15122516686。			
快递员：	Hǎo de, qǐng zài zhèr qiān yíxià zì. 好的，请在这儿签一下字。			

① "不到" means less than.

[上海（Shànghǎi, Shanghai）]

28	重	zhòng	形	heavy	多重；很重
29	厚	hòu	形	thick	厚衣服
30	号	hào	量	number	手机号；护照号
31	楼	lóu	名	storied building	上楼；下楼；高楼；大楼
32	房间	fángjiān	名	room	房间号
33	快递	kuàidì	名	express mail	快递公司
34	下来 下去	xiàlái xiàqù	动 动	to come down to go down, descend	从上面下来 从这儿下去
35	上去 上来	shàngqù shànglái	动 动	to go up to come up	从这儿上去 从下面上来
36	公斤	gōngjīn	量	kilogram	一公斤是两斤

一、语言表达聚焦 Focus on expressions

1. **号码的说法 Expressing numbers**

    汉语的号码要一个数字一个数字地读出来，房间号、护照号、邮政编码、身份证

第 10 课　223

号码、电话号码都是这样读。

In Chinese, each digit in a number must be read individually, whether it is a room number, passport number, postal code, ID card number, telephone number, etc..

例：（1）我住在18号楼2门504（五零四）。

（2）金志英的护照号是M66986999（六六九八六九九九）。

（3）我的电话号码是23502083（二三五零二零八三）。

注意：号码中的"1"常说成"幺(yāo)"。"2"读作"二"，不读"两"。

Remember: When "1" is the component of a number, it is usually pronounced as "幺(yāo)" in spoken Chinese. If "2" is a component, it is pronounced as "二" rather than "两".

例：110（幺幺零）   119（幺幺九）   206（二零六）

读读下面的号码。Read the numbers below aloud.

  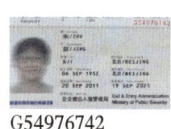 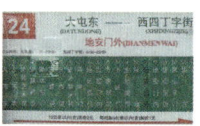 

和你的同桌互相问问学号、手机号和驾照号。Ask your deskmate his or her student ID number, cell phone number, and driver's license number.

2. 上/下 + 来/去

"来"表向说话人方向移动，"去"离开说话位置向目的地方向移动。

"来" describes movement towards the speaker, while "去" describes movement away from the speaker's location and towards another destination.

	上	下	过	回
来	上来	下来	过来	回来
去	上去	下去	过去	回去

例：上去    下来

用"上/下/过/回+来/去"写一写。Write some sentences using the "上/下/过/回+来/去" pattern.

（1）　　　　　　（2）　　　　　　（3）　　　　　　（4）

A.　　　B.　　　A.　　　B.　　　A.　　　B.　　　A.　　　B.

（1）A. 爸爸和儿子_____了。　　　B. 妈妈和女儿_____了。

（2）A. 她们_____了。　　　B. 他想_____。

（3）A. 妈妈，你什么时候_____？　　　B. 我10分钟以后就_____了。

（4）A. 运动员们_____了。　　　B. 她的男朋友_____了。

3. 多 +Adj

询问年龄（多大），号码（多少），尺码（多大号），距离（多远），时间（多长时间），身高（多高），重量（多重）等。

Used when asking age（多大），number（多少），size (of clothing, etc.)（多大号），distance（多远），time（多长时间），height (of a person)（多高），weight（多重），etc..

例：(1) 你今年多大了？　　（2）你穿多大号的？　　（3）你有多高？

用"多 + Adj"写一写。Write a few sentences using " 多 + Adj".

（1）A: _____？　　B: 我25岁了。

（2）A: _____？　　B: 我一般穿38号的。

（3）A: _____？　　B: 我一米六二。

（4）A: _____？　　B: 来中国以前我50公斤，现在60公斤。

（5）A: _____？　　B: 我学过3个月。

（6）A: _____？　　B: 很近，四五百米吧。

二、交际练习 Communication practice

跟你的同桌说说在你们国家怎么寄快递。Discuss the process for express mailing a package in your home country with your deskmate.

第四部分　课文

圣诞节快到了，莉莉去邮局寄东西。邮局八点半开门，莉莉八点十分就去了。她旅游的时候买了很多东西，有吃的、用的、穿的，她打算把那些东西都寄回家：茶送给父母，旅游书送给老师，漂亮的旗袍送给好朋友南希。

莉莉还打算寄几张明信片。她在美国寄过明信片，知道怎么写地址：先在上边写自己的地址，再在下边写

[圣诞节 (Shèngdàn Jié, Christmas)]

37	邮局	yóujú	名	post office	去邮局
38	明信片	míngxìnpiàn	名	postcard	一张明信片
39	上边	shàngbian	名	above	桌子上边
40	下边	xiàbian	名	down, under	床下边

对方的地址。但是莉莉写好以后，营业员告诉她："请再写一遍，把美国的地址写在上边，中国的地址写在下边。"哦，中国和美国地址的写法不一样啊。

41	对方	duìfāng	名	the other/opposite side	对方的地址
42	但是	dànshì	连	but, however	
43	营业员	yíngyèyuán	名	(shop) employee/ assistant	邮局的营业员
	营业	yíngyè	动	to do business	开始营业
	~员	yuán			服务员；快递员
44	告诉	gàosu	动	to tell	告诉老师
45	写法	xiěfǎ	名	way of writing	汉字的写法
	~法	fǎ			做法

课文综合练习 Comprehensive exercises

1. 根据课文内容回答。Answer the questions according to the text.

    （1）现在是什么季节？

    （2）莉莉去邮局干什么？

    （3）莉莉打算送南希什么？

    （4）在中国写明信片，地址的写法和美国一样吗？

2. 根据课文内容判断。Judge whether the expressions are right ("√"), wrong ("✗"), or if there is not enough information provided in the text ("?").

    （1）邮局一开门莉莉就去了。（　　）

    （2）在中国写明信片，上边写自己的地址，下边写对方的地址。（　　）

（3）莉莉打算寄五张在北京拍的照片。（　　）

（4）莉莉和朱迪一起去邮局寄东西。（　　）

（5）莉莉去的时候，邮局快开门了。（　　）

（6）莉莉打算把明信片寄给父母。（　　）

3. 角色扮演：你是莉莉，你的同桌是营业员，请把文中提到的东西寄到美国。Role-play: You will play the role of Lili, while your deskmate plays the role of a clerk at a post office. Mail the items mentioned in the text to the United States.

第五部分　综合表达训练

1. 选择：哪句话中画线字的意思跟其他两句不一样？Choose: Which underlined word means differently from the other two?

    （1）A. 我这个月花了五千块。　　　　B. 学校有很多漂亮的花。

    　　C. 我今天骑自行车来学校，花了半个小时。（　　）

    （2）A. 我每天跟朋友一起打篮球。　　B. 昨天我打网球了。

    　　C. 你回家以后给我打个电话好吗？（　　）

    （3）A. 我把书放在桌子上了。　　　　B. 楼上有很多玩具（wánjù, toys）。

    　　C. 我上楼取一下东西。（　　）

    （4）A. 我早上吃了一个面包。　　　　B. 你的书包在哪儿买的？

    　　C. 这是谁的钱包？（　　）

2. 用"先a，再b"说一说，写一写。Say and write some sentences using the "先a，再b" pattern.

    （1）在饭馆吃饭和在食堂一样吗？（吃饭；给钱）

    （2）在银行怎么办银行卡？（取号；填单子）

    （3）坐公交车和坐出租车一样吗？（坐车；给钱）

    （4）中国的饭店一般怎么上菜？（菜，主食；凉菜，热菜）

    （5）怎么洗衣服？（深色的；浅色的）

3. **分别了解一家中国邮局、银行、超市、饭店、酒吧的营业时间。Conduct a survey of the business hours of a post office, bank, supermarket, restaurant, and bar in China.**

名字	工作日的营业时间	节假日的营业时间
_____邮局		
_____银行		
_____超市		
_____饭店		
_____酒吧		

4. **按要求完成任务。Complete the tasks according to the requirements.**

任务（1）：你要搬家，请用"把+N+V+到/在/回+[处所]"说说下面这些东西应该放在哪儿。You are about to move to a new house. Use the "把+N+V+到/在/回+[处所]" pattern to describe where the following items should go.

用的	吃的	穿的
冰箱（bīngxiāng, refrigerator）、盘子（pánzi, plate）、碗、筷子、学习用品（xuéxí yòngpǐn, study materials）、空调（kōngtiáo, air conditioner）、电视、电脑、床、沙发（shāfā, sofa）、书桌、饭桌、椅子、卫生纸、花	香蕉、苹果、西瓜、西红柿、鸡蛋、酸奶、面包、包子	鞋、T恤、帽子、裤子、裙子

卧室

(wòshì, bedroom)

卫生间

厨房

(chúfáng, kitchen)

客厅

(kètīng, living room)

书房

(study room)

任务（2）：写一写你是怎么布置自己的新家的。Write down how you will organize your new house.

例：今天我搬到新家了！我的新房子非常漂亮，我跟朋友一起把东西放到合适（héshì, appropriate, suitable）的地方。我们把……

第六部分　文化读本

中国人常用的快递

你知道中国人常用的快递吗？查一查下面这些快递公司的电话。你想给上海的朋友寄一件礼物，打电话咨询一下这些快递公司：寄到上海需要几天，多少钱？

公司	电话	公司	电话
中国邮政速递		顺丰速运	
申通快递		韵达快运	
圆通速递		中通速递	
天天快递		宅急送	

1	礼物	lǐwù	present, gift
2	咨询	zīxún	to consult

3	需要	xūyào	to need

第 11 课
头越来越疼了

基本功能项及内容

	功能项	本课表达	基本结构	举例
1	询问 Asking questions	询问某种反常现象 Asking about something unusual	……怎么了?	你怎么了?
		询问病情是否好转 Asking if someone's health has improved after being sick	好点儿了吗?	现在好点儿了吗?
		询问病情的程度 Asking about the extent of someone's illness	……（严）重吗?	你的感冒（严）重吗?
2	说明 Explanation	说明病情 Describing one's illness	[身体部位]+疼/难受/不舒服	我头疼。
		说明病情程度 Describing the extent of one's illness	副+（严）重	我觉得不太（严）重。
		进出某空间的趋向 Describing entry/exit into a certain space	进/出+来/去	快进来吧。
3	叙述 Narration	情况的初始状态和发展状态 Describing the initial state and later developments of a situation	开始……，后来……	开始有点儿疼，后来越来越疼。
		程度随时间推移而变化 Describing a situation that changes with the passing of time	越来越+Adj/V[心理]	头越来越疼了。

	功能项	本课表达	基本结构	举例
4	劝告 Advice	劝告对方多做或少做某事 Advising someone to do less/more of a certain activity	多 + V（+N） 少 + V（+N）	你多到户外运动运动，少熬夜。
		劝告对方做合适的事 Advising someone to do something that is in their best interests	应该 + V	你应该放松放松。
5	安慰 Consolation	通过消除对方的不良情绪进行安慰 Consoling someone who is feeling bad or unhappy	别 + V[心理/情绪]/Adj，……	别担心，过几天你就能上课了。
6	描述 Description	程度高于一般 Describing the level of something as being above average	比较 + Adj	这里比较疼。
7	表可能 Describing possibilities	具备某种做事的能力或条件 Describing that the right ability or conditions are available to do something	能 + V	我明天就能上课了。

第一部分　语音和汉字

一、轻声和儿化复习 Review: Neutral tone and retroflexion with "-r"

1. 轻声 Neutral tone

ˉ + 轻声	师傅、亲戚、舒服、听听	ˊ + 轻声	还是、裙子、便宜、别的
ˇ + 轻声	喜欢、眼睛、饺子、暖和	ˋ + 轻声	爸爸、地方、后边、记得

第 11 课　　233

2. 儿化 Retroflexion with "-r"

ˉ + 儿	中间儿、照片儿、拐弯儿	ˊ + 儿	小名儿、小孩儿、面条儿
ˇ + 儿	有点儿、好点儿、去哪儿	ˋ + 儿	没事儿、一块儿、一会儿

3. 读一读。Read aloud.

小哥儿俩 (liǎ)，红 (hóng) 脸蛋儿 (liǎndànr)，手拉 (lā) 手儿，一块儿玩儿。学画画儿，挺好玩儿。画小猫儿，画小狗儿，画只 (zhī) 小鸡儿吃小米儿，画条小鱼儿吐水泡儿 (pàor)。

二、汉字 Chinese characters

1. 认一认，写一写。Identify and write.

晴（晴天）—睛（眼睛）　　学（学习）—觉（睡觉）　　牙（牙齿）—乐（音乐）
病（得病）—疼（牙疼）　　夏（夏天）—复（复习）　　关（关门）—半（半天）
越（越来越）—超（超市）　走（走路）—步（跑步）　　园（公园）—国（回国）

晴		睛		学		觉		牙		乐	
病		疼		夏		复		关		半	
越		超		走		步		园		国	

2. 常用的偏旁 Commonly used character components

	名称 Name	意义 Meaning	例字 Example
月	ròuyuèpáng 肉 月 旁	和人体有关。(Related to human body.)	肚、胃
疒	bìngzìpáng 病 字 旁	和疾病有关。(Related to illness.)	疼、病
艹	cǎozìtóu 草 字 头	和草木有关。(Related to grass and trees.)	菜、茶
衤	yīzìpáng 衣 字 旁	和衣物、服饰有关。(Related to dressing and personal adornment.)	裙、裤

写一写。Write the characters.

pàng　月 胖　fat

téng　疒 疼　ache

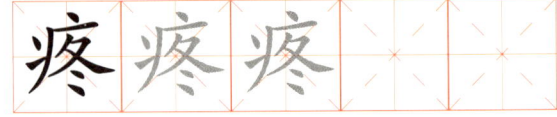

chá ⺾ 茶 tea

kù 衤 裤 pants

第二部分　课前热身

1. 读读下面的词语。Read the following words and phrases aloud.

tóu téng　　fāshāo　　késou　　áoyè
头 疼　　　发 烧　　咳 嗽　　熬 夜

liáng tǐwēn　　zuò shǒushù　　dǎ lánqiú　　hē píjiǔ
量 体 温　　做 手 术　　打 篮 球　　喝 啤 酒

2. 读读下面的句子。Read the following sentences aloud.

（1）Wǒ tóu téng, méiyǒu lìqi, xiǎng shuìjiào.
　　我 头 疼，没 有 力 气，想 睡 觉。

（2）Kāishǐ yǒudiǎnr téng, hòulái yuèláiyuè téng.
　　开 始 有 点 儿 疼，后 来 越 来 越 疼。

（3）Nǐ yīnggāi duō dào hùwài yùndòng yùndòng, shǎo áoyè.
　　你 应 该 多 到 户 外 运 动 运 动，少 熬 夜。

（4）Zěnmeyàng? Hǎo diǎnr le ma? Shāngkǒu hái téng ma?
　　怎 么 样？好 点 儿 了 吗？伤 口 还 疼 吗？

第11课

（5）Bié dānxīn, guò jǐ tiān nǐ jiù néng shàngkè le.
别担心，过几天你就能上课了。

第三部分　功能表达范例与训练

功能表达 1

学学询问某种反常现象（……怎么了？）；说病情和病情的程度

莉莉：Zhūdí, qǐlái ba, bā diǎn shí fēn le, kuài chídào le!
朱迪，起来吧，八点十分了，快迟到了！

朱迪：Wǒ bú tài shūfu, bù xiǎng qǐchuáng.
我不太舒服，不想起床。

莉莉：Nǐ zěnme le? Méishì ba?
你怎么了？没事吧？

朱迪：Wǒ tóu téng, méiyǒu lìqi, xiǎng shuìjiào.
我头疼，没有力气，想睡觉。

莉莉：Nǐ shì bu shì fāshāo le?
你是不是发烧了？

朱迪：Wǒ gāngcái liángle yíxià tǐwēn, sānshíqī diǎn bā dù.
我刚才量了一下体温，三十七点八度。

莉莉：Āiyā①, yǒudiǎnr dīshāo, yánzhòng ma?
哎呀①，有点儿低烧，严重吗？

朱迪：Wǒ juéde bú tài yánzhòng, kěnéng xiūxi xiūxi jiù hǎo le.
我觉得不太严重，可能休息休息就好了。

---

① 表示惊讶。"哎呀" is an exclaimation used to express astonishment or surprise.

	Lili	:	Ò,	nǐ	hǎohǎo	xiūxi	ba,	wǒ	bāng	nǐ	qǐngjià.
	莉莉	:	哦，	你	好好	休息	吧，	我	帮	你	请假。

	Zhūdí	:	Hǎo	de,	xièxie.
	朱迪	:	好	的，	谢谢。

1	起来	qǐlái	动	to get up	
2	头疼 疼	tóu téng téng	形	headache ache	牙疼；肚子疼
3	力气	lìqi	名	energy	没有力气；力气很大
4	发烧	fāshāo	动	to have a fever	发高烧；发低烧
5	量	liáng	动	to measure	量身高
6	体温	tǐwēn	名	(body) temperature	量体温
7	严重	yánzhòng	形	serious, severe	不太严重
8	可能	kěnéng	动	maybe, perhaps	可能不太好
9	好好	hǎohǎo	副	all out; carefully; to one's heart's content	好好写；好好看
10	请假	qǐngjià	动	to ask for leave	请两天假；跟老师请假

一、语言表达聚焦 Focus on expressions

1. **怎么了？**
   用来询问某种反常现象。
   Used when asking about a state or condition that is unusual or out of the ordinary.

2. **[身体部位] + 疼 / 难受 / 不舒服**
   用来说明病情。
   Used to describe the state of an illness, such as what part of the body hurts and how it hurts.
   例：A: 你怎么了？　　B: 我头疼。

📝 读一读，认一认。Read and identify.

头（tóu）
耳朵（ěrduo）
脸（liǎn）
脖子（bózi）
眼睛（yǎnjing）
鼻子（bízi）
嘴（zuǐ）

📝 看下图，和你的同桌说一说。Look at the pictures, then describe the situations to your deskmate.

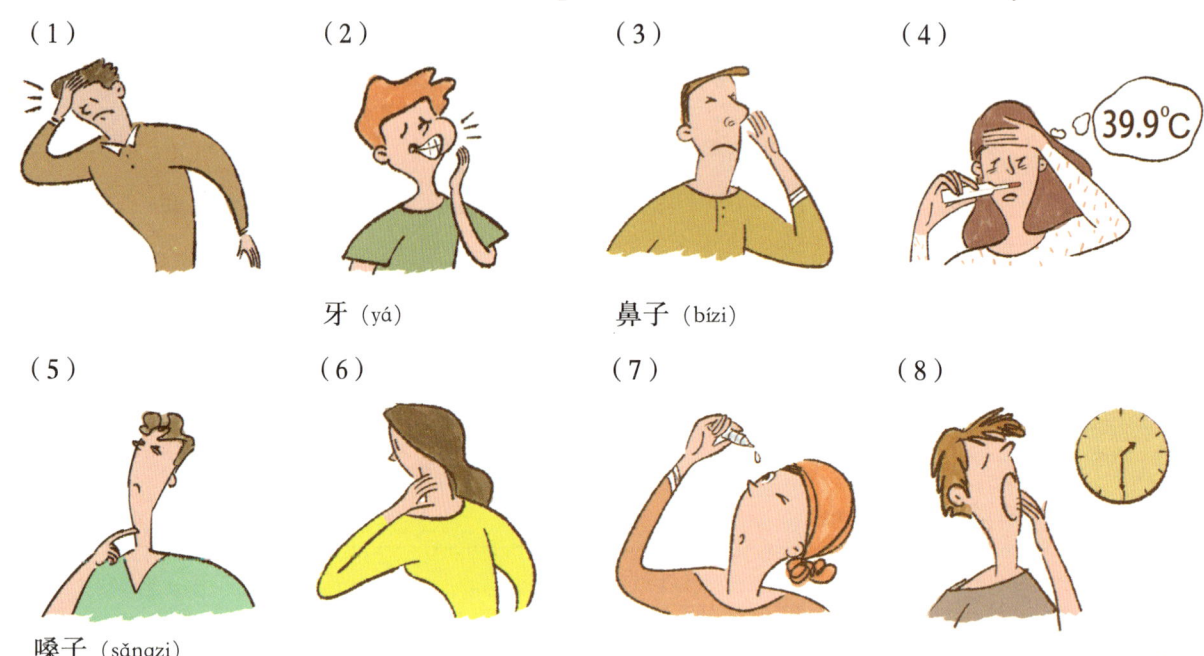

（1）
（2）牙（yá）
（3）鼻子（bízi）
（4）
（5）嗓子（sǎngzi）
（6）
（7）
（8）

3. 严重吗?

用来询问病情程度。

Used to ask the extent of a person's illness.

副 + 严重

用来说明病情的程度。

Used to describe the extent of a person's illness.

例：A: 你的感冒严重吗?　　B: 不太严重 / 比较严重 / 很严重。

📝 看下图，和你的同桌说一说。Look at the pictures, then describe the situations to your deskmate.

（1）　　　　　（2）　　　　　（3）　　　　　（4）

　　休息　　　　　吃药　　　　　运动　　　　　喝水

二、交际练习 Communication practice

两人一组，你或你的同桌头疼／牙疼／嗓子疼／发烧了，请询问和说明情况。In pairs, imagine that either you or your deskmate has a headache/toothache/sore throat/fever. Ask about and describe the illness to each other.

功能表达 2

学学叙述情况的初始状态和发展状态；叙述程度随时间推移而变化（越来越 +Adj / V[心理]）；描述程度高于一般（比较 +Adj）

| Yīshēng | : | Nǐ nǎr bù shūfu ? |
| 医　生 | : | 你 哪 儿 不 舒 服 ? |

| Mǎkè | : | Wǒ dùzi téng, hěn xiǎng tù. |
| 马　克 | : | 我 肚 子 疼, 很 想 吐。|

| Yīshēng | : | Shénme shíhou kāishǐ de ? |
| 医　生 | : | 什 么 时 候 开 始 的 ? |

Mǎkè : Jīntiān zǎoshang. Kāishǐ yǒudiǎnr téng, hòulái
马　克 : 今 天 早 上。开 始 有 点 儿 疼，后 来
　　　　yuèláiyuè téng.
　　　　越 来 越 疼。

Yīshēng : Zhèlǐ téng ma ?
医　生 : 这 里 疼 吗 ?

Mǎkè : Yǒudiǎnr téng.
马　克 : 有 点 儿 疼。

Yīshēng : Zhèlǐ ne ?
医　生 : 这 里 呢 ?

马克： 比较疼。
Mǎkè: Bǐjiào téng.

医生： 这里呢？
Yīshēng: Zhèlǐ ne?

马克： 非常疼！
Mǎkè: Fēicháng téng!

医生： 你得了急性阑尾炎，需要做一个小手术。
Yīshēng: Nǐ déle jíxìng lánwěiyán, xūyào zuò yí gè xiǎo shǒushù.

11	舒服	shūfu	形	fine, comfortable	不舒服
12	肚子	dùzi	名	belly	肚子疼
13	吐	tù	动	to vomit	
14	开始	kāishǐ	名	at the beginning	开始的时候
15	后来	hòulái	名	later	
16	越来越	yuèláiyuè		more and more	越来越疼
17	比较	bǐjiào	副	relatively	比较疼
18	得	dé	动	to get (sick)	得病
19	急性	jíxìng	区	acute	
20	阑尾炎	lánwěiyán	名	appendicitis	
21	需要	xūyào	动	to need	
22	手术	shǒushù	名	operation	小手术；做手术

一、语言表达聚焦 Focus on expressions

1. 开始……，后来……

   用来叙述情况的初始状态和发展状态。

   Used to describe the initial state of a situation followed by its later developments.

   例：(1) 我们开始不认识，后来慢慢地成了好朋友。

（2）开始我的汉语不太好，后来越来越好了。

- 读一读，认一认。Read and identify.

肚子（dùzi）　胳膊（gēbo）
腰（yāo）　手（shǒu）
脚（jiǎo）　腿（tuǐ）

- 用"开始……，后来……"回答问题。Answer the question using the "开始……，后来……" pattern.
（1）你的汉语好吗？
（2）你喜欢吃中国菜吗？
（3）你有中国朋友吗？
（4）你会打太极拳吗？

2. 越来越 +Adj/V [心理]
叙述某情况的程度随时间推移而发生变化。
Used to describe a change in the level or state of a situation with the passing of time.
例：（1）来中国以后，我的汉语越来越好了。　（2）我越来越喜欢吃辣的了。

- 用"越来越……"完成句子。Complete the sentences using the "越来越……" pattern.
（1）冬天到了，阿里起床＿＿＿＿＿＿＿＿。
（2）超市里的东西＿＿＿＿＿＿，我记得苹果以前三四块一斤，现在都是五六块一斤。
（3）刚来中国的时候我不太喜欢吃中国菜，现在＿＿＿＿＿＿＿＿。
（4）今天起床以后我就开始头疼，开始不太疼，后来＿＿＿＿＿＿＿＿。
（5）夏天快来了，天气＿＿＿＿＿＿＿＿。

3. 比较 +Adj
用于描述和评价事物的程度高于一般情况。
Used to describe or evaluate the level of something as above average.
例：（1）他的感冒比较严重。　（2）这个超市的东西比较便宜。

看图，选择用"有点儿 / 比较 / 非常 +Adj/V"说一说，然后写下来。Look at the pictures, then describe them using "有点儿 / 比较 / 非常 +Adj/V", write your descriptions down.

	苹果	5元/斤 _____贵	8元/斤 _____贵	12元/斤 _____贵
	气温	-0℃ _____冷	-27℃ _____冷	4℃ _____冷
	口味	湖南菜 _____辣	四川菜 _____辣	韩国菜 _____辣

二、交际练习 Communication practice

你和你的同桌分别扮演病人和医生，练习一下如何询问和说明病情。In pairs, have one student play the role of a patient and the other a doctor. Practice describing and asking about illness with each other.

病 (bìng, illness)	感冒	胃炎 (wèiyán, gastritis)	肠炎 (chángyán, enteritis)	鼻炎 (bíyán, enteritis)	关节炎 (guānjiéyán, arthritis)
症状 (zhèngzhuàng, symptom)	头疼；发烧；嗓子疼	胃疼；吐	肚子疼；拉肚子 (lā dùzi, to suffer from diarrhoea)	鼻子不通 (bízi bù tōng, to be stuffed)	腰疼；腿疼

功能表达 3

学学劝告对方做合适的事（应该 +V）；劝告对方多做或少做某事（多 / 少 +V）

Yīshēng: Qǐngzuò, nǐ zěnme le?
医　生：请　坐，你　怎么　了？

Zhūdí: Wǒ zuìjìn shuìmián hěn bù hǎo, báitiān yě méiyǒu
朱　迪：我　最近　睡眠　很　不　好，白天　也　没　有

jīngshen, yǒushí hái tóu téng.
精　神，有　时　还　头　疼。

Yīshēng: Shì bu shì yālì tài dà le?
医　生：是　不　是　压力　太　大　了？

Lesson 11

朱迪：可能是吧，下个星期有一个非常重要的考试。

医生：你**应该**多到户外**运动运动**，少**熬夜**。

朱迪：需要吃**药**吗？

医生：需要。我给你**开**了两种药，一天三次，饭后半小时吃。

23	睡眠	shuìmián	名	sleep	
24	精神	jīngshen	名	vigor	有精神；精神很好
25	压力	yālì	名	pressure, tension	
26	重要	zhòngyào	形	important	很重要；不太重要
27	应该	yīnggāi	动	should	
28	熬夜	áoyè	动	to stay up all night	
29	药	yào	名	medicine	吃药
30	开	kāi	动	to prescribe	开药；开了两种药

一、语言表达聚焦 Focus on expressions

1. 应该 +V

    劝告对方做合适的事。

    Expresses that something ought to or should be a certain way. Can be used to put forth a suggestion, give advice, or tell someone about the most suitable way of doing something.

    例：(1) 你应该放松放松。 (2) 你应该多听听中国歌。

第 11 课　243

用"应该+V"回答问题。Answer the questions using the "应该+V" pattern.

（1）我最近压力太大，怎么办？

（2）我不知道图书馆在哪儿，怎么办？

（3）我最近又胖了，怎么办？

（4）我头疼，嗓子也疼，还发烧，怎么办？

（5）这个汉字太难了，我忘了怎么写了，怎么办？

2. 多 / 少 +V

   劝告对方多做或少做某事。

   Used to advise someone to do less/more of a certain activity.

   例：（1）你感冒了，应该多喝水、多吃水果。

   　　（2）我嗓子疼，医生说我应该少喝酒、少抽烟。

看图，用"应该+V"和"多 / 少 +V"给出建议或劝告。Look at the pictures, then use the "应该+V" and "多 / 少 +V" patterns to give a suggestion or advice.

二、交际练习 Communication practice

两人一组，当对方有下面这些问题时，你会给他（她）什么建议？ In pairs, share what

advice you would give to each other if any of you had the following problems.

（1）觉得汉语太难了　　（2）身体不舒服

（3）白天没有精神　　（4）压力太大了

功能表达 4

学学说明进出某空间的趋向（进/出+来/去）；通过消除对方的不良情绪进行安慰（别+V[心理/情绪]，……）；询问病情是否好转（好点儿了吗？）；具备某种做事的能力或条件（能+V）

杰希：马克，我是杰希。

马克：快**进来**吧。

杰希：怎么样？**好点儿了吗**？伤口还疼吗？

马克：不疼了，可还有点儿不舒服，**不能**下床。

莉莉：**别担心**，过几天你就**能上课**了。

杰希：李老师也想来看你，她很担心你的身体。

阿里：是啊，李老师说以后你可以不写作业了。

马 克: 真 的？太 好 了！
(Mǎkè: Zhēn de? Tài hǎo le!)

阿 里: 当 然 是 假 的！
(Ālǐ: Dāngrán shì jiǎ de!)

31	好	hǎo	形	(about health) well	好了；好（一）点儿了
32	伤口	shāngkǒu	名	wound	
33	能	néng	动	can	
34	担心	dānxīn	动	to worry	别担心
35	可以	kěyǐ	动	may, can	
36	真的	zhēn de		really	
37	假	jiǎ	形	false	假的；假话

一、语言表达聚焦 Focus on expressions

1. 进/出 + 来/去

   说明进出某空间的移动趋向。

   Describes the direction of one's exit/entrance into a certain space.

看图，用"进/出+来/去"说一说。Look at the pictures, then describe them using the "进/出+来/去" pattern.

（1）（2）（3）（4）

（1）A: 我可以_____吗？ B: 你_____吧。

（2）姐姐和弟弟在门外，他们想_____。

（3）她从家里_____了。

（4）孩子们在教室里，他们要_____。

Lesson 11

2. **好点儿了吗?**

   用于询问对方病情是否好转。

   Used to ask if someone's health has improved after being sick.

   例：A: 你的感冒好点儿了吗?　　B: 好多了。

和你的同桌用"好点儿了吗?"互相问问。Ask your deskmate questions using the "好点儿了吗?" pattern.

（1）鼻炎　　（2）嗓子疼　　（3）肚子疼　　（4）胃炎

3. **别 +V[心理/情绪]/Adj**

   通过消除对方的不良情绪进行安慰。

   Used to console someone who is feeling bad or unhappy.

   V/Adj 一般是表示消极的心理活动、心情情绪的词。常用的有：担心 / 害怕 (hàipà, to be afraid) / 紧张 (jǐnzhāng, nervous) / 着急 (zháojí, worried) 等。

   The verb or adjective usually expresses a negative emotion or feeling. Frequently used words include "担心""害怕""紧张""着急" etc..

用"别 + V[心理/情绪]/Adj"完成句子。Complete the sentences using the "别 + V[心理/情绪]/Adj" pattern.

（1）A: 妈妈，天黑了，我很害怕 (hàipà, to be scared)，你什么时候回家啊?

　　B: _____。

（2）A: 我不喜欢吃辣的，辣子鸡丁是不是很辣?

　　B: _____。

（3）A: 老师，这次考试是不是很难?

　　B: _____。

（4）A: 这是我第一次唱中国歌，太紧张了!

　　B: _____。

（5）A: 快点儿! 已经 6:30 了，电影 7:00 就开始了!

　　B: _____。

4. 能 + V (+N)

表示具备某种做事的能力或条件。

Expresses that the right ability or conditions are available to do something.

例：（1）我能说汉语。（有说汉语的能力 Possessing the ability to speak Chinese）

（2）他不能吃辣的。（不具备吃辣的承受力 Does not possess the ability to eat spicy foods）

（3）A: 明天你能来上课吗？ B: 能（来）。（具备来的条件 The proper conditions exist for one to come to class）

注意："能"和"会"都可以表示有能力，但"会"表示学习掌握某种技艺，而"能"表示具备某种做事的能力或条件。能力包括：做事的能力体力、饭量酒量、对辛辣味道耐受力等。能力可以失去，也可以恢复。表达这些内容时只能用"能"，不能用"会"。

Remember: "能" and "会" can both describe ability, but "会" is used to describe a skill that is learned, while "能" describes the possession of the proper conditions or ability to do something. Abilities include: work ability, physical ability, ability to eat/drink, ability to eat spicy foods, etc.. One can both lose and recover abilities. To describe these types of abilities, "能" must be used, "会" cannot be used.

用"能"或"会"填空。Fill in the blanks using "能" or "会".

（1）马克的病好了，明天_____来上课了。

（2）我的孩子一岁就_____说话了。

（3）他今天嗓子疼，不_____说话了。

（4）马克一个人_____吃一斤包子。

（5）A: 你_____包饺子吗？

B: 我不_____。

（6）A: 您_____吃辣的吗？

B: 我_____。

二、交际练习 Communication practice

两人一组：你的朋友刚做了手术，你去看他/她，你们会说些什么？ Pair work: Your friend has just undergone surgery and you are going to visit him/her. What will you say?

第四部分　课文

马克：太好了！我又能打篮球、踢足球、吃辣子鸡、喝啤酒啦！

阿里：你忘了出院的时候医生跟你说什么了？要多休息，注意饮食清淡，少吃凉的和辣的。你知道吗？最近很多人都感冒了。

金志英：是啊，一定要注意，我上周

38	打	dǎ	动	to play	打球
39	篮球	lánqiú	名	basketball	打篮球
40	出院	chūyuàn	动	to leave hospital	
41	注意	zhùyì	动	to pay attention to	
42	饮食	yǐnshí	名	food and drink	
43	清淡	qīngdàn	形	plain	
44	凉	liáng	形	cool	天凉了
45	感冒	gǎnmào	名/动	cold/to catch a cold	得了感冒；感冒了
46	一定	yídìng	副	must	

就感冒了，咳嗽、发烧，特别难受。

杰希：我最近也很不舒服，鼻子不通，嗓子也发炎了。

金志英：那你要多喝水，多吃新鲜水果，少吃辣的和油腻的东西。别抽烟。

杰希：不抽烟……有点儿难啊。你的病重吗？

金志英：我开始只是嗓子疼，后来

47	咳嗽	késou	动	to cough	
48	特别	tèbié	副	especially	特别有意思
49	不通	bù tōng		to be stuffed	鼻子不通
50	嗓子	sǎngzi	名	throat	嗓子发炎
51	发炎	fāyán	动	to inflame	
52	新鲜	xīnxiān	形	fresh	很新鲜；新鲜的水果
53	油腻	yóunì	形	greasy	太油腻了；油腻的菜

　　　　　　　越来越厉害，输了一个星期
　　　　　　的液呢。

阿里：听到没有，马克？

马克：别担心，我身体一直都非常
　　　健康！

阿里：是吗？你昨天从哪儿回来的？

马克：我……

| 54 | 厉害 | lìhai | 形 | terrible; serious | |
| 55 | 输液 | shūyè | 动 | to infuse | 输了一个星期液 |

课文综合练习 Comprehensive exercises

1. 根据课文内容判断。Judge whether the expressions are right ("√"), wrong ("×"), or if there is not enough information provided in the text ("?").

   （1）马克的病已经好了，今天出院了。（　　）

   （2）马克很想打篮球、吃辣子鸡、喝啤酒。（　　）

   （3）阿里最近也感冒了。（　　）

   （4）马克非常担心自己的身体。（　　）

2. 根据课文内容回答问题。Answer the questions according to the text.

   （1）马克为什么那么高兴？（能 +V）

   （2）医生告诉马克什么了？（应该 +V）

   （3）金志英前几天怎么了？（开始……后来……）

   （4）感冒应该注意什么？（多 +V；少 +V）

第 11 课

3. 用学过的词语填空。Fill in the blanks using words and phrases you have learned.

马克出院了，他非常高兴，因为他_____。可是，阿里提醒 (tíxǐng, to remind) 他_____，因为最近很多人都感冒了。金志英说她前几天就感冒了，_____，输了一个星期的液。杰希最近也不舒服，_____，嗓子_____了。马克让 (ràng, to let) 大家_____，因为他的身体非常健康。阿里提醒马克他昨天_____。

第五部分　综合表达训练

1. 说说下面词语的反义词。What are the antonyms of the words below?
   （1）新——　　（2）软——　　（3）贵——　　（4）前——
   （5）真——　　（6）里——　　（7）多——　　（8）冷——

2. 看图，和你的同学分别扮演医生和病人，编一段小对话，再复述出来。Look at the pictures, then act out the roles of doctor and patient with a classmate. Compose a short dialogue and rehearse it together.

（1）　　（2）　　（3）

3. 看一看，写一写：下面是阿里的请假条，假如你生病了，不能去上课，请你也写一张请假条。Read and write: Below is Ali's request for leave. Pretend that you are sick and unable to attend class. Write a note similar to Ali's.

请假条

李老师：

　　我今天肚子疼，要去医院看病，不能到学校上课了，请一天假，请批准 (pīzhǔn, to approve)。

学生：阿里

11月6日

---

4. 写一写：介绍一次你生病的经历。Write: Discuss an experience when you were ill.

第六部分　文化读本

越来越好

　　房子大了，电话小了，
　　生活越来越好。
　　假期多了，收入高了，
　　工作越来越好。
　　天更蓝了，水更清了，
　　环境越来越好。
　　起床早了，生病少了，
　　身体越来越好。
　　听力好了，发音准了，
　　汉语越来越好。
　　朋友多了，心相通了，
　　大家越来越好。

1	房子	fángzi	house
2	假期	jiàqī	vacation
3	收入	shōurù	income
4	清	qīng	clear
5	环境	huánjìng	environment

6	听力	tīnglì	aural comprehension
7	发音	fāyīn	pronunciation
8	准	zhǔn	accurate
9	相通	xiāngtōng	to be interlinked

第 12 课

我想去南方旅游

基本功能项及内容

	功能项	本课表达	基本结构	举例
1	询问 Asking questions	余票 Asking about tickets	有 + 去 +[地点]+ 的 +[票]+ 吗?	有去哈尔滨的火车票吗?
		席别 Asking about seat types	有 + 硬 / 软 + 座 / 卧 + 吗?	有硬卧吗?
		票价 Asking about ticket prices	[票]+ 多少钱 + 一张?	硬卧票多少钱一张?
		车次 / 航班时间 Asking about departure/arrival times	[车次 / 航班]+ 什么时候 / 几点 + 出发 / 到?	T236次几点出发 / 到?
		宾馆位置 Asking about the location of a guesthouse	[宾馆名]+ 在哪儿?	华谊快捷酒店在哪儿?
		房间种类 Asking about room types	有 +[房间]+ 吗?	有双人间吗?
		房间价格 Asking about room prices	[房间]+ 多少钱 + 一天?	双人间多少钱一天?
2	说明 Explanation	席别 Describing seat types	有 + 硬 / 软 + 座 / 卧	只有硬座了。
		票价 Describing ticket prices	[票]+ <u>数</u> + 元 + 一张	硬卧一百八十六块五一张。
		车次时间 Describing arrival/departure times	[时间]+ 出发 / 到	T236次晚上七点三十五出发,第二天早上七点四十三到。

第 12 课

	功能项	本课表达	基本结构	举例
2	说明 Explanation	宾馆位置 Describing the location of a guesthouse	[宾馆名]+ 在 +[处所]	我们的宾馆在海边。
		房间种类 Describing room types	有 +[房间]	有双人间。
		房间价格 Describing room prices	[房间]+ 数 + 元 + 一天	双人间三百六十五元一天。
3	表意愿 Expressing a desire	决心做某事 Describing something that one intends to do	要 +V	我要预订一个房间。
4	征询 Soliciting opinions	提出想法，征询对方意见 Proposing an idea in order to get a listener's opinion	……怎么样？	云南怎么样？
5	商量 Discussion	做事的方式、时间、地点等 Discussing a suitable method, time, place, etc. to do something	怎么/什么时候/去哪儿 +V+ 好？	怎么去好？ 什么时候去好？
6	表时间 Describing time	大概的时间点 Describing an approximate point in time	[时间点]+ 前后	春节前后坐火车的人非常多。
7	描述 Description	程度达到顶点 Describing that something has reached a peak level	Adj+ 极了	风景一定漂亮极了。

第一部分　语音和汉字

一、变调复习 Review: Sandhi of the third tone, "一"and "不"

1. 三声变调 Sandhi of the third tone

ˇ + ˉ	老师、每天、已经、好吃、火车	ˇ + ˊ	女儿、起床、打球、旅游、以前
ˇ + ˇ	你好、手纸、洗澡、水果、广场	ˇ + ˋ	小票、米饭、好看、饮料、感冒

2. "一"的变调 Sandhi of "一"

一 + ˉ	一般、一包、一杯、一斤、一些	一 + ˊ	一直、一条、一年、一元、一瓶
一 + ˇ	一起、一两、一种、一碗、一本	一 + ˋ	一共、一样、一件、一趟、一遍

3. "不"的变调 Sandhi of "不"

不 + ˉ	不说、不高、不吃、不接、不喝	不 + ˊ	不难、不忙、不行、不来、不甜
不 + ˇ	不好、不远、不冷、不早、不走	不 + ˋ	不错、不贵、不近、不慢、不快

4. 读一读。Read aloud.

（1）小眉小眼　土里土气　好吃好喝　好心好意　好人好事　有鼻子有眼儿

（2）一模一样　一五一十　一心一意　一生一世　一草一木　一问一答

（3）不好不坏　不大不小　不冷不热　不高不矮　不胖不瘦　不远不近

二、汉字 Chinese characters

1. 认一认，写一写。Identify and write.

同（同事）—司（司机）—向（方向）　　国（中国）—图（地图）—园（花园）

问（问路）—间（房间）—同（同样）　　时（时间）—对（对错）—双（双人）

请（请坐）—清（清淡）—晴（晴天）　　大（大号）—天（白天）—夫（夫妻）

北（北方）—比（比较）—非（非常）　　日（日本）—白（白色）—自（自己）

同	司	向	国	图	园
问	间	同	时	对	双
请	清	晴	大	天	夫
北	比	非	日	白	自

2. 常用的偏旁 Commonly used character components

	名称 Name	意义 Meaning	例字 Example
彳	shuāngrénpáng 双 人 旁	和行走有关。（Related to walking.）	行
刂	lìdāopáng 立 刀 旁	一般和刀有关。（Usually related to knives.）	到
纟	jiǎosīpáng 绞 丝 旁	多与丝、线有关。（Usually related to silk and thread.）	经
扌	títǔpáng 提 土 旁	和土有关。（Related to soil.）	地

✎ 写一写。Write the characters.

hěn 彳很 very

dào 刂到 to arrive

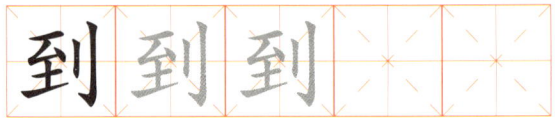

zhǐ 纟纸 paper

kuài 扌块 piece

第二部分　课前热身

1. 读读下面的词语。Read the following words and phrases aloud.

lǚxíngshè　　　yìngzuò　　　jiǔdiàn　　　dānrénjiān
旅 行 社　　　硬　座　　　酒 店　　　单 人 间

gēn tuán
跟 团

ruǎnwò
软 卧

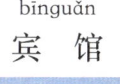
bīnguǎn
宾 馆

shuāngrénjiān
双 人 间

2. 读读下面的句子。Read the following sentences aloud.

（1）请问，有去哈尔滨的火车票吗？
　　Qǐngwèn, yǒu qù Hā'ěrbīn de huǒchēpiào ma?

（2）春节前后坐火车的人非常多。
　　Chūnjié qiánhòu zuò huǒchē de rén fēicháng duō.

（3）有双人间吗？多少钱一天？
　　Yǒu shuāngrénjiān ma? Duōshao qián yì tiān?

（4）可以看到大海的房间？风景一定美极了！
　　Kěyǐ kàndào dàhǎi de fángjiān? Fēngjǐng yídìng měi jí le!

第三部分　功能表达范例与训练

功能表达 1

学学商量做事的地点（去哪儿+V+好？）；提出想法，征询对方意见（……怎么样？）

马克：快放假了，我们去旅游吧！
Mǎkè: Kuài fàngjià le, wǒmen qù lǚyóu ba!

莉莉：去哪儿玩好？南方还是北方？
Lìli: Qù nǎr wán hǎo? Nánfāng háishi běifāng?

马克：去南方吧，云南怎么样？
Mǎkè: Qù nánfāng ba, Yúnnán zěnmeyàng?

莉莉：太好了！我也打算去云南，听说
Lìli: Tài hǎo le! Wǒ yě dǎsuàn qù Yúnnán, tīngshuō

	nàr	de	fēngjǐng	fēicháng	piàoliang	.
	那儿	的	风景	非常	漂亮	。

Mǎkè	:	Shì	a	,	wǒ	tīngshuō	Yúnnán	Lìjiāng	shì	Zhōngguó	zuì	měi	de
马克	:	是	啊	，	我	听说	云南	丽江	是	中国	最	美	的

dìfang	.
地方	。

[云南 (Yúnnán, Yunnan province) ；丽江 (Lìjiāng, Lijiang)]

1	听说	tīngshuō	动	to hear of	听说不错
2	风景	fēngjǐng	名	scenery, view	漂亮的风景
3	美	měi	形	beautiful	美景；美女；美极了

一、语言表达聚焦 Focus on expressions

1. 去哪儿 +V+ 好？

   用于商量做事或活动地点。

   Used when discussing a suitable place to engage in a certain activity.

   例：（1）去哪儿玩好？ （2）去哪儿吃饭好？ （3）去哪儿买东西好？

看图，说一说，写一写。Look at the pictures, then say and write a few sentences about them.

（1）旅行	（2）吃饭	（3）买东西	（4）练太极拳
三亚 (Sānyà)	食堂	超市	公园
哈尔滨 (Hā'ěrbīn)	饭馆	市场	体育馆

2. ……怎么样？

用询问的方式提出自己的想法，征询对方的意见。

Used to express an idea in the form of a question with the hope that the listener will offer suggestions.

例：（1）去云南怎么样？ （2）放假去怎么样？ （3）坐火车去怎么样？

看图，说一说，写一写。Look at the pictures, then say and write a few sentences about them.

（1）丽江	（2）三亚	（3）青岛	（4）桃花园	（5）大胡同
玉龙雪山 (Yùlóng Xuěshān)	沙滩 (shātān, beach)	啤酒	桃花	旗袍

二、交际练习 Communication practice

和你的同学说一说：快放假了，你们想去哪儿旅行？为什么？ With a classmate, discuss your next vacation. Where would you like to travel? Why?

功能表达 2

学学商量做事的方式（怎么+V+好？）**和时间**（什么时候+V+好？）

莉莉：朱迪，想不想去旅行？
Lìli: Zhūdí, xiǎng bu xiǎng qù lǚxíng?

朱迪：想啊，什么时候去好？
Zhūdí: Xiǎng a, shénme shíhou qù hǎo?

莉莉：当然是放假的时候啊！
Lìli: Dāngrán shì fàngjià de shíhou a!

朱迪：你觉得怎么去好？自己玩还是跟团？
Zhūdí: Nǐ juéde zěnme qù hǎo? Zìjǐ wán háishi gēn tuán?

莉莉：我觉得自己玩更自由，时间也更灵活。
Lìli: Wǒ juéde zìjǐ wán gèng zìyóu, shíjiān yě gèng línghuó.

第 12 课

朱迪：女孩子一个人旅行不太安全吧？我觉得跟团更方便，也更安全。

莉莉：好，那我去查查哪个旅行社好。

4	跟团	gēn tuán		group travel	
5	自由	zìyóu	形	free	更自由
6	灵活	línghuó	形	flexible	更灵活
7	安全	ānquán	形	safe	很安全；更安全；安全的地方
8	查	chá	动	to check	查词典
9	旅行社	lǚxíngshè	名	travel agency	

一、语言表达聚焦 Focus on expressions

1. 什么时候 +V+ 好？

   用于和对方商量做某事合适的时间。

   Used when discussing a proper time to do something.

   例：（1）什么时候去云南好？ （2）什么时候去旅行好？

看图，用"什么时候 +V+ 好？"说一说。Look at the pictures, then describe them using the "什么时候 +V+ 好？" pattern.

日本	三亚	看电影	喝咖啡	打太极拳

2. 怎么 +V+ 好？

   用于和对方商量做某事合适的方式。

   Used when discussing a proper method of doing something.

   例：（1）怎么去好？ （2）怎么做好？ （3）怎么玩好？

📝 看图，用"怎么+V+好？"说一说。Look at the pictures, then describe them using the "怎么+V+好?" pattern.

去长城	去超市	学汉语	放松	玩
			音乐 (yīnyuè, music)	

二、交际练习 Communication practice

和你的同学商量一下什么时候去旅行，怎么去。With a classmate, discuss when you would like to go traveling and how you will travel.

功能表达3

学学买票和表大概的时间点（[时间点] + 前后）

平田：你好！请问，有一月三十号去哈尔滨的火车票吗？

售票员：有，T236次，晚上七点三十五出发，第二天早上七点四十三到。

平田：有硬卧吗？多少钱一张？

售票员：不好意思，没有了，春节前后坐火车的人非常多，现在只有硬座

第12课　263

le, yìbǎi liùshíbā kuài wǔ yì zhāng.
了，一百六十八块五一张。

Píngtián: Hǎo ba, wǒ mǎi yì zhāng.
平　　田：好吧，我买一张。

［哈尔滨 (Hā'ěrbīn, Harbin)］

10	票	piào	名	ticket	一张火车票
11	次	cì	量	measure word for trains	T235 次；车次
12	出发	chūfā	动	to set off, to start	早上出发
13	硬卧	yìngwò	名	hard-berth	
	~卧	wò		sleeping berth	软卧
14	春节	Chūnjié	名	Spring Festival	
15	前后	qiánhòu	名	around	春节前后
16	硬座	yìngzuò	名	hard-seat	
	~座	zuò	名	seat	软座

一、语言表达聚焦 Focus on expressions

1. 有 + 去 +[地点]+ 的 +[票]+ 吗?

    用于询问是否有到达某地的票。

    Used to ask if tickets to a certain place are available.

    例：(1) 有去哈尔滨的火车票吗?　　(2) 有去海南的飞机票吗?

2. 什么时候/几点 + 出发/到?

    用于询问交通工具出发和到达的时间。

    Used to ask the departure/arrival time of a bus/train/plane/etc..

    [时间]+ 出发/到

    用于说明交通工具出发和到达的时间。

    Used to describe the departure/arrival time of a bus/train/plane/etc.

    例：A: 请问，T236 几点出发几点到?　　B: 晚上 7:35 出发，第二天早上 7:43 到。

✎ 用"有 + 去 + [地点] + 的 + [票] + 吗?"说一说你应该怎么问。Use the "有 + 去 + [地点] + 的 + [票] + 吗?" pattern to ask about tickets.

🚄	12月28号 天津—北京 C2228 15:29-16:08 54.5元	4月5号 北京—上海 G13 10:00-14:55 553元	7月10号 上海—广州 K511 9:53-7:09 367元	9月30号 北京—西安 T55 17:30-6:32 272.5元
✈️	1月15号 北京—渥太华 UA850 17:25-23:52 10848元	2月8号 东京—北京 JL869 18:05-21:30 4121元	5月2号 天津—三亚 GS6691 8:40-12:40 615元	10月8号 北京—哈尔滨 CZ6657 7:35-9:30 627元

✎ 用"什么时候 / 几点 + 出发 / 到?"说一说上面火车或飞机的出发和到达时间。Use the "什么时候 / 几点 + 出发 / 到?" pattern to describe the departure/arrival times of the train or plane above.

3. [时点] + 前后

    用于表示一个大概的时间点。

    Used to approximate time. "前后" indicates a rough period that is earlier or later than a specific time.

    例：两点前后   周五前后   春节前后   国庆节前后   放假前后

    注意："前后"和"左右"都可以表示概数，但"左右"还可用来表示除时间外的其他概数。表时间时，左右可用于时点，也可用于时段；"前后"则只用于表示时点，用于表时点时，既可用于数量时点后，也可用于时间名词后。

    Remember: "前后" and "左右" can both be used to describe approximates, but "左右" can also be used to describe quantities of objects other than time (such as people, money, etc). When describing time, "左右" can be used to describe both specific points in time and intervals of time. "前后" can only be used when referring to a specific point in time. In a sentence, "前后" can occur either after a unit of time or after a time noun.

◩ 用"[时点]+前后"说一说。Say a few sentences using the "[时点]+前后" pattern.

中秋节 （Mid-Autumn Festival）	国庆节	情人节 （Qíngrén Jié, Valentine's Day）
放假	十点	周日

◩ 用"前后"或"左右"填空。Fill in the blanks using either "前后" or "左右".

（1）从天津到北京坐动车需要半个小时_____。

（2）李老师今年四十岁_____。

（3）圣诞节_____坐飞机的人非常多。

（4）新年_____我要去海南旅行。

（5）我每天晚上十点_____睡觉，早上七点_____起床，每天睡九个小时_____。

4. [票]+多少钱+一张?

   用于询问票价。

   Used to ask ticket price.

   [票]+数+元+一张

   用于说明票价。

   Used to describe ticket price.

   例：A: 硬卧票多少钱一张？

   　　B: 360.5元一张。

◩ 用"[票]+数+元+一张"说一说。Say a few sentences using the "[票]+数+元+一张" pattern.

天津—北京	北京—渥太华	学校—火车站	晚上 7:30	文庙博物馆
火车票 65.5 元	飞机票 10 848 元	地铁票 3 元	电影票 40 元	(Wénmiào Bówùguǎn)
				门票 15 元

二、交际练习 Communication practice

和你的同桌练习一下，你想买一张去上海的火车票／飞机票，应该怎么说？ With your deskmate, practice how you would ask to buy a train or plane ticket to Shanghai.

功能表达 4

学学订宾馆；描述程度达到顶点（Adj+ 极了）；表示决心做某事（要 +V）

接线员：您好，华谊快捷酒店。

金志英：你好，我要预订一个房间。

接线员：您要单人间还是双人间？

金志英：有双人间吗？多少钱一天？

接线员：有，365 元一天。

金志英：太贵了！你们宾馆在哪儿？

接线员：在海边，很多房间都可以看到大海，离火车站也很近，非常方便。

金志英：可以看到大海的房间？风景一定

měi jí le ! Wǒ yào dìng yí gè shuāngrénjiān .
美极了！我要订一个双人间。

[华谊快捷酒店 (Huáyì Kuàijié Jiǔdiàn, Huayi Express Inn)]

17	快捷酒店	kuàijié jiǔdiàn		express inn	
	酒店	jiǔdiàn	名	hotel	一家酒店
18	要	yào	动	to intend to	要去云南
19	预订	yùdìng	动	to reserve, to book	预订房间
	订	dìng	动	to book, to order	订机票
20	单人间	dānrénjiān	名	single room	
21	双人间	shuāngrénjiān	名	double room	
22	间	jiān	量	measure word for rooms	一间房间
23	宾馆	bīnguǎn	名	guesthouse, hotel	
24	海边	hǎi biān	名	seaside	在海边
25	大海	dàhǎi	名	sea	
26	一定	yídìng	副	certainly	
27	极	jí	副	extraordinarily	漂亮极了

一、语言表达聚焦 Focus on expressions

1. 要 +V

   表示做某事的意愿或决心。

   Describes a desire or intention to do something.

   例：（1）我要预订一个房间。 （2）他要学游泳。 （3）她要唱歌。

   注意："想"和"要"都表做某事的意愿，"想 +V"表示的心愿常常只是一种想法，而不一定是决定做的；"要 +V"则是决定做的并将实现的，一般不用否定式。

   Remember: "想" and "要" both express the desire to do something, but "想 +V" is often used to describe a desire that will not necessarily be fulfilled, while "要 +V" describes a desire that will be realized. "要 +V" does not usually take a negative form.

   例：我不想考试，是老师要考试。

用"想"或"要"完成句子。Complete the sentences using either "想" or "要".

（1）A：再吃点儿吧。

B：我已经饱了，不_____吃了。

（2）A：你一个人去爬山？太危险（wēixiǎn, dangerous）了！

B：我已经18岁了，危险也_____去。

（3）A：妈妈，我_____吃冰激凌（bīngjīlíng, ice cream）。

B：冰激凌太凉了，喝水吧。

A：我不_____喝水，我_____吃冰激凌！

（4）A：你的生日快到了，你_____要什么礼物（lǐwù, present）？

B：嗯……我明天告诉你。

（5）A：听说你_____去美国？什么时候走？

B：我_____国庆节的时候去，不知道有没有票。

2. 有 + [房间] + 吗？

用于询问是否有某种类型的房间。

Used to ask whether or not a certain type of room is available.

有 + [房间]

用于说明有某种类型的房间。

Used to describe that a certain type of room is available.

例：A：有双人间／单人间吗？

B：有双人间／单人间。

3. [房间] + 多少钱 + 一天？

用于询问房间的价格。

Used to ask the price of a room.

[房间] + 数 + 元 + 一天

用于说明房间的价格。

Used to describe the price of a room.

例：A：双人间多少钱一天？

B：365元一天。

📝 用"有+[房间]+吗"和"[房间]+多少钱+一天"说一说。 Say a few sentences using the "有+[房间]+吗" and "[房间]+多少钱+一天" patterns.

单人间　480元	双人间　360元	三人间　280元	四人间　200元

4. [宾馆名]+在+哪儿?

   用于询问宾馆的具体位置。

   Used to ask the location of a guesthouse.

   [宾馆名]+在+[处所]

   用于说明宾馆的具体位置。

   Used to describe the location of a guesthouse.

   例：A: 你们的宾馆在哪儿？

   　　B: 我们的宾馆在海边。

📝 用"[宾馆名]+在+哪儿"说一说。Say a few sentences using the "[宾馆名]+在+哪儿" pattern.

	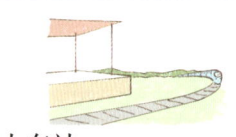		
海边	火车站	地铁站	公交站

5. Adj+极了

   用于描述和评论某事物性质程度达到顶点。

   Used to describe that a certain object's quality has reached a peak level.

   例：好极了　　漂亮极了　　高兴极了

📝 用"Adj+极了"说一说。 Say a few sentences using the "Adj+极了" pattern.

（1）	（2）	（3）	（4）	（5）

（1）沙特的夏天_____。

（2）小饭馆的菜_____。

（3）这个字_____。

（4）坐飞机_____。

（5）我妹妹_____。

二、交际练习 Communication practice

下个月你要和朋友一起去北京玩几天，和你的同桌练习一下如何预订房间。Next month you will go with a friend to Beijing for several days. Practice booking a room with your deskmate.

第四部分 课文

平田（Píngtián）：快放假了，我们去哪儿好？(Kuài fàngjià le, wǒmen qù nǎr hǎo?)

杰希（Jiéxī）：听说哈尔滨的冰灯漂亮极了！(Tīngshuō Hā'ěrbīn de bīngdēng piàoliang jí le!)

阿里（Ālǐ）：我不去，那儿太冷了，一去就冻死了。(Wǒ bú qù, nàr tài lěng le, yí qù jiù dòngsǐ le.)

平田（Píngtián）：哈哈，那我们往南走吧。(Haha, nà wǒmen wǎng nán zǒu ba.)

莉莉（Lìli）：去海南怎么样？那儿非常(Qù Hǎinán zěnmeyàng? Nàr fēicháng)

[海南（Hǎinán, Hainan Province）]

28	冰灯	bīngdēng	名	ice lantern	
29	冻	dòng	动	to freeze	冻手，冻坏了
30	死	sǐ	形	dead	冻死了；饿死了

第 12 课　　271

漂亮，天很蓝，水很清，天气也很暖和。

马克：上次何大华给我们看过三亚的照片，阳光、大海、沙滩，美极了！

杰希：啊，我要去，我喜欢吃海鲜。

马克：同学们，想去海南的举手！

（全体举手 All raise their hands）

平田：好，就去海南。那怎么去？

朱迪：跟团去吧，比较安全。

杰希：有我们男生呢，你怕什么？

莉莉：我们自己玩吧，更有意思。

[三亚 (Sānyà, Sanya city)]

31	天	tiān	名	sky	蓝天
32	清	qīng	形	clear	
33	阳光	yángguāng	名	sunshine	
34	沙滩	shātān	名	sand beach	
35	海鲜	hǎixiān	名	seafood	吃海鲜
36	举	jǔ	动	to put up, to raise	举手

平田：好的，那我早点儿去买票、订宾馆，春节前后旅游的人很多。

莉莉：对，订一个交通方便的宾馆。

阿里：我要可以上网的房间。

金志英：我要可以看见大海的房间。

马克：我要"十星级"的房间！

37	交通	jiāotōng	名	traffic	交通方便；不太方便
38	上网	shàngwǎng	动	to go online	
39	星级	xīngjí	名	the star ratings	

课文综合练习 Comprehensive exercises

1. 根据课文内容，用"听说……"和"Adj+极了"回答问题。Answer the questions with the "听说……" and "Adj+极了" patterns according to the text.

   （1）哈尔滨的冰灯节怎么样？
   （2）哈尔滨的天气怎么样？
   （3）三亚的天气怎么样？
   （4）三亚的风景怎么样？
   （5）三亚的海鲜怎么样？
   （6）不跟团，自己玩怎么样？

（7）春节前后去旅行的人怎么样？

（8）建议去海南，大家怎么样？

2. 根据课文内容，回答问题。Answer the questions according to the information provided in the text.

（1）杰希想去哪儿旅游？（听说……）

（2）阿里为什么不想去哈尔滨？（太……；一……就）

（3）为什么要早点儿买票、订宾馆？（……前后）

（4）莉莉、阿里、金志英、马克打算订什么样的宾馆和房间？（要+V）

3. 根据课文内容判断。Judge whether the following statements are correct or incorrect according to the text.

（1）海南很漂亮，但是天气很冷。　　　　　　（　　）

（2）马克去过海南，他还拍了很多照片。　　　（　　）

（3）杰希要去海南，因为他喜欢吃海鲜。　　　（　　）

（4）朱迪想跟团去旅游，那样比较自由。　　　（　　）

（5）莉莉喜欢自己玩。　　　　　　　　　　　（　　）

（6）春节前后旅游的人不太多。　　　　　　　（　　）

4. 用学过的词语填空。Fill in the blanks using words and phrases you have learned.

快放假了，平田问朋友们＿＿＿＿。杰希想去＿＿＿＿，因为＿＿＿＿。可是阿里却觉得＿＿＿＿。莉莉建议＿＿＿＿，因为＿＿＿＿。杰希也要去，因为＿＿＿＿。朱迪觉得＿＿＿＿更安全，可是莉莉觉得＿＿＿＿更有意思。但是＿＿＿＿出去旅游的人很多，他们得 (děi, have to) 早点儿＿＿＿＿。

5. 根据课文说一说，写一写：他们计划去哪里？怎么去？需要预订什么？要什么样的房间？ Speak and write according to the text: Where do they plan to go? How will they get there? What do they need to book in advance? What kind of rooms do they want?

去哪儿？	怎么去？	需要预订什么？	要什么样的房间？

274　　　　　　　　　　Lesson 12

第五部分　综合表达训练

1. 选择：哪一项中画线字的意思跟其他两项不一样？ Choose: Which underlined word means differently from the other two?

   （1）A. 现在八点十五<u>分</u>　　B. 五块九毛九<u>分</u>　　C. 差五<u>分</u>十二点　　（　　）

   （2）A. <u>来</u>过中国　　　　　B. 没<u>来</u>过　　　　　C. <u>来</u>一杯咖啡　　　（　　）

   （3）A. <u>早</u>上好　　　　　　B. 吃<u>早</u>饭　　　　　C. <u>早</u>点儿买票　　　（　　）

   （4）A. 自己玩更有<u>意思</u>　　B. 这个电影很没<u>意思</u>　C. 不好<u>意思</u>　　　　（　　）

   （5）A. 我们<u>过</u>去吧　　　　B. 吃<u>过</u>烤鸭　　　　　C. 没去<u>过</u>长城　　　（　　）

2. 说说下面词语的反义词。What are the antonyms of the words below?

   （1）大——　　（2）高——　　（3）好——　　（4）远——

   （5）开——　　（6）对——　　（7）买——　　（8）来——

3. 看图，和你的同学互相问问：你们去过下面这些城市吗？你们还听说过中国哪些城市？你想不想去？为什么？怎么去？ Look at the pictures, then discuss with your classmates: Have you ever been to the following cities? What other cities in China have you heard of that you would like to go to? Why? How would you get there?

西安 (Xī'ān)	南京 (Nánjīng)	上海	杭州
兵马俑	中山陵 (Zhōngshān Líng, Sun Yat-sen Mausoleum)	外滩 (Wàitān, the Bund)	西湖 (Xī Hú, West Lake)

4. 你想去别的国家旅行，问问你的三个同学，让他们帮你做一个旅行计划。You would like to travel in another country. Ask three of your classmates to help you make a travel plan.

姓名			
国家			
去哪儿玩好？ 什么时候去好？			

第12课

怎么去？			
自己玩还是跟团？			
坐火车 / 飞机？			
火车 / 飞机票多少钱一张？			
订双人间 / 单人间？			
一天多少钱？			

5. 写一写："我想去旅行"。Write: "I want to travel".

例：快放假了，我想去旅行，去哪儿玩好呢？……

第六部分　文化读本

笑一笑，十年少

中国人喜欢说：笑一笑，十年少；愁一愁，白了头。意思是说，如果一个人每天都很开心，就会比同龄人年轻十岁；一个人常常不快乐，头发就会早早变白。心情愉快的人身体健康，闷闷不乐的人容易生病。要是你不开心，就看看喜剧，听听音乐，出去旅游，做你喜欢做的事情，或者跟你的家人朋友聊聊天儿。要是你的朋友不高兴，你就给他讲个笑话，让他开心地笑一笑。

1	少	shào	young	6	闷闷不乐	mènmèn-búlè	to be depressed
2	愁	chóu	to be anxious	7	喜剧	xǐjù	comedy
3	开心	kāixīn	joyful	8	聊天儿	liáotiānr	to chat
4	同龄人	tónglíngrén	contemporary	9	笑话	xiàohua	joke
5	愉快	yúkuài	happy				

词语总表

A
矮	ǎi	形	6-3（练）	
爱人	àiren	名	2-2	
安全	ānquán	形	12-2	
熬夜	áoyè	动	11-3	

B
把	bǎ	量	8-4	
把	bǎ	介	10-3	
吧	ba	语气	1-2	
白色	báisè	名	4-4（练）	
白天	báitiān	名	8-课文	
百货商店	bǎihuò shāngdiàn	名	9-2	
办	bàn	动	10-1	
办公楼	bàngōnglóu	名	9-综（练）	
办理	bànlǐ	动	10-1	
半	bàn	数	3-2	
包	bāo	量	4-1	
包	bāo	名	4-3（练）	
包裹	bāoguǒ	名	10-3	
包子	bāozi	名	6-1	
饱	bǎo	形	6-课文	
北	běi	名	9-4	
本	běn	量	4-3	
本子	běnzi	名	4-3	
鼻炎	bíyán	名	11-2（练）	
鼻子	bízi	名	11-1（练）	
比	bǐ	介	6-3	
比较	bǐjiào	副	11-2	
笔	bǐ	名	4-3	
遍	biàn	量	5-3	
别的	bié de	代	4-2	
宾馆	bīnguǎn	名	9-3（练），12-4	
冰灯	bīngdēng	名	12-课文	
冰激凌	bīngjīlíng	名	12-4（练）	
冰箱	bīngxiāng	名	10-综（练）	
饼	bǐng	名	4-1	
饼干	bǐnggān	名	4-1	
饼子	bǐngzi	名	6-3（练）	
病	bìng	名	11-2（练）	
脖子	bózi	名	11-1（练）	
不	bù	副	1-2	
不好意思	bù hǎoyìsi		4-4	
不通	bù tōng	形	11-2（练），11-课文	
部	bù	量	7-2	

C
才	cái	副	8-1（练）	
菜	cài	名	6-课文	
厕所	cèsuǒ	名	9-综（练）	
叉子	chāzi	名	6-3（练）	
茶	chá	名	5-4	
查	chá	动	12-2	
长	cháng	形	6-1（练）	
肠炎	chángyán	名	11-2（练）	
尝	cháng	动	6-2	
常（常）	cháng (cháng)	副	3-课文	
厂长	chǎngzhǎng	名	2-综（练）	
唱歌	chànggē	动	5-1（练）	
超市	chāoshì	名	5-1（练）	
车	chē	名	2-3	
衬衫	chènshān	名	4-4（练）	
吃	chī	动	3-3	
迟到	chídào	动	3-课文	
充值卡	chōngzhíkǎ	名	4-3	
出	chū	动	9-4	
出发	chūfā	动	12-3	
出生	chūshēng	动	8-课文	
出院	chūyuàn	动	11-课文	
出租车	chūzūchē	名	7-3（练）	
厨房	chúfáng	名	10-综（练）	
厨师	chúshī	名	6-综（练）	
穿	chuān	动	4-4	
床	chuáng	名	3-3	
春节	Chūnjié	名	12-3	
春天	chūntiān	名	8-3	
词典	cídiǎn	名	4-3（练）	
次	cì	量	5-3；12-3	
从	cóng	介	7-课文	

D

打	dǎ	动	5-1	
打	dǎ	动	5-3	
打	dǎ	动	11-课文	
打算	dǎsuàn	动	5-1	
大	dà	形	2-1	
大海	dàhǎi	名	12-4	
大家	dàjiā	代	1-3	
大学	dàxué	名	2-1	
大学生	dàxuéshēng	名	2-1	
带	dài	动	10-1	
戴	dài	动	4-4（练）	
担心	dānxīn	动	11-4	
单人间	dānrénjiān	名	12-4	
单子	dānzi	名	10-2	
但是	dànshì	连	4-综（练），10-课文	
当然	dāngrán	副	5-1	
刀子	dāozi	名	6-3（练）	
得	dé	动	11-2	
的	de	助	1-4	
得	děi	动	12-课文（练）	
等	děng	动	6-2（练）	
低	dī	形	8-1（练）	
地方	dìfang	名	4-2	
地铁站	dìtiězhàn	名	9-3	
地址	dìzhǐ	名	10-3	
弟弟	dìdi	名	6-3（练）	
第	dì		5-课文	
点	diǎn	量	3-2	
点	diǎn	动	6-课文	
电	diàn	名	5-1	
电话	diànhuà	名	5-1	
电脑	diànnǎo	名	7-3（练）	
电视	diànshì	名	5-1（练）	
电影	diànyǐng	名	5-2	
电影院	diànyǐngyuàn	名	5-综（练），9-课文	
店	diàn	名	5-4	
顶	dǐng	量	4-4（练）	
订	dìng	动	12-4	
东	dōng	名	9-4	
东西	dōngxi	名	4-课文	
冬天	dōngtiān	名	8-课文	
动车	dòngchē	名	7-课文	
冻	dòng	动	12-课文	
都	dōu	副	1-4	
肚子	dùzi	名	11-2	
度	dù	量	8-1	
短	duǎn	形	6-1（练），8-3	
对	duì	形	1-综，3-课文	
对方	duìfāng	名	10-课文	
对面	duìmiàn	名	9-4	
兑	duì	动	10-1	
多	duō	代	2-1	
多	duō	形	4-1	
多大	duō dà		2-1	
多少	duōshao	代	4-1	
多云	duōyún	形	8-1（练）	

E

饿	è	形	4-4（练），6-3	
耳朵	ěrduo	名	11-1（练）	
二胡	èrhú	名	7-1（练）	
二十	èrshí	数	2-1	

F

发烧	fāshāo	动	11-1	
发炎	fāyán	动	11-课义	
~法	fǎ		10-课文	
饭店	fàndiàn	名	5-1	
饭馆	fànguǎn	名	6-2	
方向	fāngxiàng	名	9-课文	
房间	fángjiān	名	10-4	
放假	fàngjià	动	5-2	
飞机	fēijī	名	6-3（练）	
非常	fēicháng	副	4-课文	
分	fēn	量	3-2	
份	fèn	量	6-1（练）	
风	fēng	名	8-1	
风景	fēngjǐng	名	12-1	
父母	fùmǔ	名	2-课文	
附近	fùjìn	名	9-2	
副	fù	量	4-4（练）	

G

改	gǎi	动	10-1
改天	gǎitiān	副	10-1
感冒	gǎnmào	名/动	11-课文
干	gàn	动	5-2
刚才	gāngcái	名	5-1
高	gāo	形	6-3（练）,8-1
高兴	gāoxìng	形	1-3
告诉	gàosu	动	10-课文
哥哥	gēge	名	6-3（练）
胳膊	gēbo	名	11-2（练）
个	gè	量	2-2
给	gěi	动	4-课文
给	gěi	介	5-1
根	gēn	量	6-3（练）
跟	gēn	介	5-2
跟团	gēn tuán		12-2
更	gèng	副	8-2
工厂	gōngchǎng	名	2-3（练）
工人	gōngrén	名	2-综（练）
工作	gōngzuò	名/动	2-3
工作日	gōngzuòrì	名	10-2
公交车	gōngjiāochē	名	9-课文
公交站	gōngjiāozhàn	名	9-3（练）
公斤	gōngjīn	量	10-4
公司	gōngsī	名	2-3
功夫	gōngfu	名	7-2
狗	gǒu	名	2-综（练）
故事	gùshi	名	6-2（练）
瓜	guā	名	4-2
刮	guā	动	8-1
刮风	guā fēng		8-1
拐	guǎi	动	9-3
拐弯	guǎiwān	动	9-3
关	guān	动	10-1
关节炎	guānjiéyán	名	11-2（练）
关门	guānmén	动	10-1
广场	guǎngchǎng	名	9-3（练）
贵	guì	形	4-2
国	guó	名	1-3
国家	guójiā	名	1-3
过	guò	动	6-课文
过	guò	动	9-2
过	guo	助	7-1
过来	guòlái	动	9-4
过去	guòqù	动	9-4

H

还	hái	副	4-3
还是	háishi	连	3-2
孩子	háizi	名	2-2
海边	hǎi biān	名	12-4
海鲜	hǎixiān	名	12-课文
害怕	hàipà	动	11-4（练）
汉堡包	hànbǎobāo	名	4-1（练）
汉语	Hànyǔ	名	3-3
航空	hángkōng	动	8-2（练）
好	hǎo	形	1-1
好	hǎo	形	11-4
好吃	hǎochī	形	6-2
好好	hǎohǎo	副	11-1
好看	hǎokàn	形	5-3
好用	hǎoyòng	形	4-课文
号	hào	名	4-4,10-2
号	hào	量	3-1,10-4
喝	hē	动	5-2(练),5-4（练）
合适	héshì	形	4-综（练）
和	hé	连	1-4
河	hé	名	9-3（练）
盒	hé	名	5-4
黑色	hēisè	名	4-4（练）
很	hěn	副	1-3
红绿灯	hóng-lǜdēng	名	9-2
红色	hóngsè	名	4-4（练）
后来	hòulái	名	11-2
厚	hòu	形	10-4
湖	hú	名	9-1（练）
护士	hùshi	名	2-综（练）
护照	hùzhào	名	10-1
花	huā	动	4-3
花	huā	名	5-2
换	huàn	动	10-1
黄色	huángsè	名	4-4
回	huí	动	5-4（练）

	汇率	huìlǜ	名	10-1	紧张	jǐnzhāng	形	11-4（练）
	会	huì	动	6-3	近	jìn	形	9-3
	火车	huǒchē	名	6-3（练）	京剧	jīngjù	名	7-1（练）
	或者	huòzhě	连	3-3	经济	jīngjì	名	2-3（练）
	货币	huòbì	名	10-1（练）	经理	jīnglǐ	名	2-综（练）
J					精神	jīngshen	名	11-3
	机场	jīchǎng	名	5-课文	酒吧	jiǔbā	名	5-综（练），9-3（练）
	鸡	jī	名	6-4				
	鸡肉	jīròu	名	6-4	酒店	jiǔdiàn	名	12-4
	极	jí	副	12-4	旧	jiù	形	8-3（练）
	急性	jíxìng	区	11-2	就	jiù	副	7-4
	几	jǐ	代	2-2	举	jǔ	动	12-课文
	记得	jìde	动	8-4	卷	juǎn	量	5-综（练）
	季节	jìjié	名	8-课文	觉得	juéde	动	1-1（练），4-2（练）
	继续	jìxù	动	8-2（练）				
	寄	jì	动	10-2	K			
	家	jiā	名	2-课文	咖啡	kāfēi	名	4-1（练）
	家	jiā	量	6-2	卡	kǎ	名	4-2,10-2
	家人	jiārén	名	2-课文	开	kāi	动	5-2
	家庭	jiātíng	名	2-课文	开	kāi	动	10-1
	假	jiǎ	形	11-4	开	kāi	动	11-3
	价钱	jiàqián	名	4-综（练）	开车	kāichē	动	7-3
	间	jiān	量	12-4	开门	kāimén	动	10-1
	见	jiàn	动	7-2	开始	kāishǐ	动	8-4
	件	jiàn	量	4-4	开始	kāishǐ	名	11-2
	建筑	jiànzhù	名	2-3（练）	开玩笑	kāi wánxiào		5-2
	健康	jiànkāng	形	6-课文	看	kàn	动	4-4
	讲	jiǎng	动	6-2（练）	咳嗽	késou	动	11-课文
	交通	jiāotōng	名	12-课文	可能	kěnéng	动	11-1
	脚	jiǎo	名	11-2（练）	可以	kěyǐ	动	11-4
	叫	jiào	动	1-1	刻	kè	量	3-2（练）
	教学楼	jiàoxuélóu	名	9-1	客厅	kètīng	名	10-综（练）
	接	jiē	动	5-课文	课	kè	名	3-1
	节	jié	量	4-1（练）	空调	kōngtiáo	名	10-综（练）
	节日	jiérì	名	3-课文	口	kǒu	量	2-2
	姐姐	jiějie	名	2-课文	苦	kǔ	形	6-1（练）
	介绍	jièshào	动	2-课文（练）	裤子	kùzi	名	4-4（练）
	借	jiè	动	5-1（练）	块	kuài	量	4-1
	斤	jīn	量	4-2	块	kuài	量	4-3
	今年	jīnnián	名	2-1	快	kuài	副	8-2
	今天	jīntiān	名	3-1	快	kuài	形	6-3（练），10-3
					快递	kuàidì	名	10-4

280

	快捷酒店	kuàijié jiǔdiàn		12-4		绿色	lǜsè	名	4-4（练）
	筷子	kuàizi	名	6-3	**M**			
L						麻烦	máfan	动	10-2
	拉肚子	lā dùzi		11-2（练）		马路	mǎlù	名	9-课文
	辣	là	形	6-1（练），6-2		马上	mǎshàng	副	8-4
	来	lái	动	3-课文		吗	ma	语气	1-2
	来	lái	动	4-2		买	mǎi	动	4-1
	来到	láidào	动	3-1（练）		买单	mǎidān	动	6-课文
	来自	láizì	动	1-3		馒头	mántou	名	6-3（练）
	阑尾炎	lánwěiyán	名	11-2		慢	màn	形	6-3（练）
	蓝色	lánsè	名	4-4		忙	máng	形	6-综（练）
	篮球	lánqiú	名	5-3（练），11-课文		毛笔	máobǐ	名	4-3（练）
	老生	lǎoshēng	名	1-2（练）		毛衣	máoyī	名	4-4（练）
	老师	lǎoshī	名	1-1		帽子	màozi	名	4-4（练），4-课文
	了	le	助	4-3		没	méi	动	5-2
	冷	lěng	形	8-1		没有	méiyǒu	动	3-1
	厘米	límǐ	名	8-3（练）		没电	méi diàn		10-3（练）
	离	lí	介	9-2		没问题	méi wèntí		5-3
	梨	lí	名	8-2（练）		每~	měi		3-3
	礼物	lǐwù	名	12-4（练）		每天	měi tiān		3-3
	里	li	名	2-课文		美	měi	形	12-1
	力气	lìqi	名	11-1		妹妹	mèimei	名	2-课文
	历史	lìshǐ	名	2-3（练）		~们	men		1-4
	厉害	lìhai	形	11-课文		门	mén	名	10-1
	脸	liǎn	名	11-1（练）		梦	mèng	名	7-课文
	练	liàn	动	5-综（练）		米	mǐ	名	8-2（练）
	凉	liáng	形	6-2（练），11-课文		米	mǐ	量	9-3
	凉快	liángkuai	形	8-1		米饭	mǐfàn	名	6-1（练），6-3（练）
	量	liáng	动	11-1		面包	miànbāo	名	4-课文
	两	liǎng	数	2-2		面条儿	miàntiáor	名	6-1（练），6-3
	两	liǎng	量	6-3		名字	míngzi	名	1-1
	辆	liàng	量	9-课文		明年	míngnián	名	3-1（练），5-1（练）
	灵活	línghuó	形	12-2		明天	míngtiān	名	3-1
	零	líng	数	3-2		明信片	míngxìnpiàn	名	10-课文
	零钱	língqián	名	4-课文					
	留学生	liúxuéshēng	名	1-1（练），6-2	**N**	拿	ná	动	8-4
	楼	lóu	名	10-4		哪	nǎ	代	1-3；4-1
	路	lù	量	9-课文		哪儿	nǎr	代	2-3
	路口	lùkǒu	名	9-3		哪国人	nǎ guó rén		1-3
	旅行社	lǚxíngshè	名	12-2		那边	nàbian	代	4-4
	旅游	lǚyóu	动	5-课文		奶	nǎi	名	4-课文

	男朋友	nán péngyou	名	1-综（练）	汽车	qìchē	名	2-3
	南	nán	名	9-4	铅笔	qiānbǐ	名	4-3
	难	nán	形	6-3（练），8-2（练）	签	qiān	动	10-2
	呢	ne	助	8-4	签字	qiānzì	动	10-2
	能	néng	动	11-4	前	qián	名	7-1
	你	nǐ	代	1-1	前边	qiánbian	名	2-课文
	你们	nǐmen	代	1-4	前后	qiánhòu	名	12-3
	年	nián	名	2-1	钱	qián	名	4-1
	年纪	niánjì	名	2-课文	浅	qiǎn	形	4-4
	年龄	niánlíng	名	2-课文（练），6-综（练）	浅黄色	qiǎnhuángsè	形	4-4
	年轻	niánqīng	形	2-课文	桥	qiáo	名	9-3（练）
	您	nín	代	1-1	亲戚	qīnqi	名	7-3
	牛奶	niúnǎi	名	4-1（练）	清	qīng	形	12-课文
	暖和	nuǎnhuo	形	8-课文	清淡	qīngdàn	形	6-2（练），11-课文
	女儿	nǚ'ér	名	2-2	晴	qíng	形	8-1（练）
					请	qǐng	动	4-1
					请假	qǐngjià	动	11-1
P	怕	pà	动	8-3	请问	qǐngwèn		4-1
	拍	pāi	动	7-1（练），7-课文	秋天	qiūtiān	名	8-课文
	盘	pán	名	6-1（练）	球	qiú	名	5-3
	盘子	pánzi	名	10-综（练）	取	qǔ	动	10-2
	旁边	pángbiān	名	2-课文	取	qǔ	动	5-1（练）
	跑	pǎo	动	3-3	去	qù	动	5-1
	跑步	pǎobù	动	3-3	去年	qùnián	名	3-1（练）
	朋友	péngyou	名	1-4	全~	quán		2-课文
	批准	pīzhǔn	动	11-综（练）	全家福	quánjiāfú	名	2-课文
	漂亮	piàoliang	形	5-2	拳	quán	名	5-3
	票	piào	名	4-课文,12-3	裙子	qúnzi	名	4-4（练）
	便宜	piányi	形	4-2				
	乒乓球	pīngpāngqiú	名	5-3（练）	R	让	ràng	动	5-课文（练）
	苹果	píngguǒ	名	4-2（练）	热	rè	形	6-2（练），8-2
	葡萄	pútao	名	4-2（练）	人	rén	名	1-3
	普通	pǔtōng	形	10-3	认识	rènshi	动	1-3
					~日	rì		10-2
Q	妻子	qīzi	名	2-2（练）	日子	rìzi	名	3-课文（练）
	齐	qí	形	6-课文	容易	róngyì	形	6-3（练）
	骑	qí	动	5-1（练）	肉	ròu	名	6-1
	起	qǐ	动	3-3	肉的	ròu de		6-1
	起床	qǐchuáng	动	3-3				
	起来	qǐlái	动	8-2（练），11-1	S	伞	sǎn	名	8-4
	气温	qìwēn	名	8-1	嗓子	sǎngzi	名	11-课文

沙发	shāfā	名	10-综(练)	书房	shūfáng	名	10-综(练)
沙滩	shātān	名	12-1(练),12-课文	舒服	shūfu	形	11-2
山	shān	名	8-4(练)	输液	shūyè	动	11-课文
伤口	shāngkǒu	名	11-4	属	shǔ	动	6-4
商店	shāngdiàn	名	5-4	帅	shuài	形	7-2
上	shàng	名	3-1(练)	双	shuāng	量	4-4(练)
上	shàng	动	6-课文	双人间	shuāngrénjiān	名	12-4
上班	shàngbān	动	3-综(练)	睡	shuì	动	3-3
上边	shàngbian	名	10-课文	睡觉	shuìjiào	动	3-3
上课	shàngkè	动	3-1	睡眠	shuìmián	名	11-3
上来	shànglái	动	10-4	说	shuō	动	3-课文
上去	shàngqù	动	10-4	司机	sījī	名	2-1
上网	shàngwǎng	动	5-1(练),12-课文	死	sǐ	形	12-课文
上午	shàngwǔ	名	3-3	素	sù	名	6-1
上衣	shàngyī	名	4-4(练)	素的	sù de		6-1
稍等	shāo děng		6-课文	宿舍	sùshè	名	5-2
勺子	sháozi	名	6-3(练)	酸	suān	形	4-课文
少	shǎo	形	4-1	酸奶	suānnǎi	名	4-课文
谁	shéi	代	2-课文	岁	suì	名	2-1
身份证	shēnfènzhèng	名	10-1(练)	所以	suǒyǐ	连	5-2(练)
身高	shēngāo	名	8-2(练)				
身体	shēntǐ	名	2-课文	**T**			
深	shēn	形	4-4	他	tā	代	1-4
什么	shénme	代	1-1	他们	tāmen	代	1-4
生日	shēngrì	名	3-1(练)	她	tā	代	1-4
师傅	shīfu	名	2-1	太	tài	副	3-1
时	shí	名	3-3	太极拳	tàijíquán	名	5-3
时候	shíhou	名	3-3	趟	tàng	量	5-4
食堂	shítáng	名	3-课文	桃花	táohuā	名	5-2
市场	shìchǎng	名	9-2(练)	特别	tèbié	副	11-课文
事	shì	名	5-1	特快	tèkuài	形	10-3
试	shì	动	4-4	疼	téng	形	11-1
试衣间	shìyījiān	名	4-4	踢	tī	动	5-3(练)
是	shì	动	1-2	体温	tǐwēn	名	11-1
收	shōu	动	4-课文	体育馆	tǐyùguǎn	名	9-1(练)
手	shǒu	名	11-2(练)	天	tiān	量	3-1
手机	shǒujī	名	6-1(练)	天	tiān	名	12-课文
手术	shǒushù	名	11-2	天气	tiānqì	名	8-1
手套	shǒutào	名	4-4(练)	甜	tián	形	6-1(练)
书	shū	名	4-3(练)	填	tián	动	10-2
书店	shūdiàn	名	5-1(练)	条	tiáo	量	4-4(练)
				跳舞	tiàowǔ	动	5-1(练),6-2(练)

283

	听	tīng	动	5-课文		西瓜	xīguā	名	4-2
	听说	tīngshuō	动	12-1		西门	xī mén		6-2
	挺	tǐng	副	8-1		洗	xǐ	动	5-1
	同~	tóng		1-4		洗手间	xǐshǒujiān	名	5-4（练）
	同事	tóngshì	名	1-4（练）		洗澡	xǐzǎo	动	5-1
	同屋	tóngwū	名	1-4		喜欢	xǐhuan	动	4-4
	同学	tóngxué	名	1-4		下	xià	名	5-1
	同桌	tóngzhuō	名	1-4（练）		下	xià	动	8-2
	头疼	tóu téng		11-1		下	xià	动	9-课文
	图书馆	túshūguǎn	名	4-4(练),5-1(练)		下班	xiàbān	动	3-综（练）
	吐	tù	动	11-2		下边	xiàbian	名	10-课文
	腿	tuǐ	名	11-2（练）		下次	xià cì		5-3
						下课	xiàkè		3-1
W	袜子	wàzi	名	4-4(练),4-课文		下来	xiàlái	动	10-4
	完	wán	动	6-3（练）,7-4		下去	xiàqù	动	10-4
	玩具	wánjù	名	10-综（练）		下午	xiàwǔ	名	3-3
	晚	wǎn	形	4-2（练）		下雪	xià xuě		8-1（练）
	晚饭	wǎnfàn	名	3-3		下雨	xià yǔ		8-2
	晚上	wǎnshang	名	3-3（练）		夏天	xiàtiān	名	8-3
	碗	wǎn	名	6-3		先	xiān	副	6-课文
	网吧	wǎngbā	名	9-4（练）		咸	xián	形	6-2（练）
	网球	wǎngqiú	名	5-3（练）		现在	xiànzài	名	3-2
	往	wǎng	介	9-1		香菜	xiāngcài	名	6-4
	忘	wàng	动	5-课文		香蕉	xiāngjiāo	名	4-2（练）
	为什么	wèi shénme	代	1-课文（练），3-课文（练）		箱	xiāng	量	4-课文
						相声	xiàngsheng	名	5-课文
	围巾	wéijīn	名	4-4（练）		橡皮	xiàngpí	名	4-3
	卫生间	wèishēngjiān	名	9-2		小票	xiǎopiào	名	4-课文
	卫生纸	wèishēngzhǐ	名	4-课文		小时	xiǎoshí	名	3-2（练）
	位	wèi	量	2-2（练）		校长	xiàozhǎng	名	2-综（练）
	味道	wèidào	名	6-2		些	xiē	量	4-课文
	胃炎	wèiyán	名	11-2（练）		鞋	xié	名	4-4（练）
	喂	wèi	叹	5-1		写	xiě	动	4-3
	问	wèn	动	4-1		写法	xiěfǎ	名	10-课文
	问题	wèntí	名	5-3		新	xīn	形	1-2
	我	wǒ	代	1-1		新生	xīnshēng	名	1-2
	~卧	wò		12-3		新鲜	xīnxiān	形	11-课文
	卧室	wòshì	名	10-综（练）		星级	xīngjí	名	12-课文
	雾	wù	名	8-1（练）		星期	xīngqī	名	3-1
						行	xíng	形	5-4
X	西	xī	名	6-2,9-4		行	xíng	动	6-课文

	兴趣	xìngqù	名	5-课文		医院	yīyuàn	名	2-3（练）
	姓	xìng	名	1-1		已经	yǐjīng	副	5-2
	需要	xūyào	动	11-2		以后	yǐhòu	名	8-2
	学	xué	动	1-2		以前	yǐqián	名	7-1
	~学	xué		2-3		以为	yǐwéi	动	4-综（练）
	学期	xuéqī	名	3-1（练），5-1(练)		意思	yìsi	名	2-课文（练）
	学生	xuéshēng	名	1-2		阴	yīn	形	8-1（练）
	学生证	xuéshēngzhèng	名	10-1		音乐	yīnyuè	名	2-综（练）,
	学习用品	xuéxí yòngpǐn		10-综（练）					11-3（练）
	学校	xuéxiào	名	2-3（练），6-2		银行卡	yínhángkǎ	名	10-2
	学院	xuéyuàn	名	7-1		饮料	yǐnliào	名	6-课文
						饮食	yǐnshí	名	11-课文
Y	压力	yālì	名	11-3		营业	yíngyè	动	10-1(练),10-课文
	牙	yá	名	11-1（练）		营业员	yíngyèyuán	名	10-课文
	呀	ya	语气	3-课文		应该	yīnggāi	动	11-3
	严重	yánzhòng	形	11-1		硬卧	yìngwò	名	12-3
	颜色	yánsè	名	4-4		硬座	yìngzuò	名	12-3
	眼睛	yǎnjing	名	11-1（练）		用	yòng	动	6-3
	眼镜	yǎnjìng	名	8-4（练）		邮局	yóujú	名	9-2(练),10-课文
	羊	yáng	名	6-4		油腻	yóunì	形	6-2（练),11-课文
	羊肉	yángròu	名	6-4		油条	yóutiáo	名	6-3（练）
	阳光	yángguāng	名	12-课文		游泳	yóuyǒng	动	3-3
	腰	yāo	名	11-2（练）		有	yǒu	动	2-2
	药	yào	名	11-3		有点儿	yǒudiǎnr	副	4-2
	要	yào	副	3-课文		有名	yǒumíng	形	5-课文
	要	yào	动	4-3		有时候	yǒushíhou		3-3
	要	yào	动	12-4		有意思	yǒuyìsi		6-课文
	爷爷	yéye	名	2-课文		又	yòu	副	8-1
	也	yě	副	1-2		右边	yòubian	名	2-课文
	业务	yèwù	名	10-1		羽毛球	yǔmáoqiú	名	5-3（练）
	一般	yìbān	形	3-3		语言	yǔyán	名	6-综（练）
	一定	yídìng	副	11-课文		预报	yùbào	动/名	8-2
	一定	yídìng	副	12-4		预订	yùdìng	动	12-4
	一共	yígòng	副	4-1		~员	yuán		10-课文
	一会儿	yíhuìr	数量	7-4		远	yuǎn	形	7-3
	一下	yíxià	数量	10-3		月	yuè	名	3-1
	一样	yíyàng	形	8-3		越来越	yuèláiyuè		11-2
	一直	yìzhí	副	7-课文,9-1		云	yún	名	8-1（练）
	衣服	yīfu	名	4-2(练),5-4		运动场	yùndòngchǎng	名	9-1（练）
	医生	yīshēng	名	2-课文					
	医学	yīxué	名	2-3	Z	再	zài	副	4-3

285

再见	zàijiàn	动	1-课文		自己	zìjǐ	代	6-课文
在	zài	介	2-3		自由	zìyóu	形	12-2
咱们	zánmen	代	8-4		自行车	zìxíngchē	名	5-1（练），7-3（练）
脏	zāng	形	8-综（练）					
早	zǎo	形	4-2（练）		字	zì	名	10-2
早饭	zǎofàn	名	3-3		走	zǒu	动	3-3（练）
早上	zǎoshang	名	3-2		走路	zǒulù	动	9-2
怎么	zěnme	代	7-3		足球	zúqiú	名	5-3（练）
怎么样	zěnmeyàng	代	6-3		嘴	zuǐ	名	11-1（练）
站	zhàn	名	9-3		最	zuì	副	6-4
张	zhāng	量	4-3		最近	zuìjìn	名	8-1（练），8-2
丈夫	zhàngfu	名	2-2		昨天	zuótiān	名	3-1（练）
着急	zháojí	形	11-4（练）		左边	zuǒbian	名	2-课文
找	zhǎo	动	4-课文		左右	zuǒyòu	名	8-2
~照	zhào		10-1		作业	zuòyè	名	5-综（练）
照片	zhàopiàn	名	2-课文		~座	zuò	名	12-3
这	zhè	代	4-课文		做	zuò	动	2-3,7-3
着	zhe	助	8-4					
这些	zhèxiē	代	4-课文					
真的	zhēn de		11-4		**西文字母开头的词语**			
正	zhèng	副	8-4					
正在	zhèngzài	副	5-1		T恤	T xù	名	4-4
证	zhèng	名	10-1					
政府	zhèngfǔ	名	2-3（练）					
症状	zhèngzhuàng	名	11-2（练）					
支	zhī	量	4-3					
知道	zhīdào	动	1-课文（练），9-3					
只	zhǐ	副	8-1					
纸	zhǐ	名	4-课文					
中午	zhōngwǔ	名	3-3					
中学	zhōngxué	名	2-1					
中学生	zhōngxuéshēng	名	2-1					
重	zhòng	形	10-4					
重要	zhòngyào	形	11-3					
周	zhōu	名	3-1（练）					
周末	zhōumò	名	3-3					
主妇	zhǔfù	名	2-课文					
主食	zhǔshí	名	6-3					
注意	zhùyì	动	11-课文					
专业	zhuānyè	名	2-3					
准备	zhǔnbèi	动	8-4（练）					

图书在版编目（CIP）数据

会通汉语．读写．1／卢福波等著．— 北京：人民教育出版社，2015.4（2025.3重印）
ISBN 978-7-107-23777-5

Ⅰ．①会… Ⅱ．①卢… Ⅲ．①汉语－阅读教学－对外汉语教学－教材②汉语－写作－对外汉语教学－教材 Ⅳ．① H195.4

中国版本图书馆 CIP 数据核字（2015）第 079209 号

会通汉语　读写 1

HUITONG HANYU DU XIE YI

出版发行		人民教育出版社
		（北京市海淀区中关村南大街 17 号院 1 号楼　邮编：100081）
网	址	http://www.pep.com.cn
经	销	全国新华书店
印	刷	唐山玺诚印务有限公司
版	次	2015 年 4 月第 1 版
印	次	2025 年 3 月第 4 次印刷
开	本	890 毫米 × 1240 毫米　1/16
印	张	18.75
字	数	375 千字
定	价	76.00 元

Printed in the People's Republic of China
版权所有·未经许可不得采用任何方式擅自复制或使用本产品任何部分·违者必究
如发现内容质量问题、印装质量问题，请与本社联系。电话：400-810-5788